これがホントの生活保護改革

「生活保護法」から「生活保障法」へ

生活保護問題対策全国会議 編

明石書店

はじめに

憲法25条1項は、「すべて国民は、健康で文化的な最低限度の生活を営む権利を有する。」と規定し、2項は、「国は、すべての生活部面について、社会福祉、社会保障及び公衆衛生の向上及び増進に努めなければならない。」と規定しています。

生活保護制度は、この憲法25条に基づく制度です。

私たちの誰もが、病気になったり、障害を負ったり、高齢になったり、一人親世帯になったりして、その結果、「健康で文化的な最低限度の生活」を維持できなくなることがあり得ます。そのような場合に、私たちが、国に対して、権利として「健康で文化的な最低限度の生活」を保障することを求めることができることを制度化したのが、現行の生活保護法に基づく制度です。

このように、生活保護法は、国に対して権利として請求できるものであること、さらに請求できる内容が「健康で文化的な最低限度の生活」を保障するに足りるものでなければならないところに、憲法の規定を直接受けた制度としての意義があるのです。

ところが、政府は、この生活保護制度について、後退に次ぐ後退を重ねてきました。2004年からの老齢加算の削減・廃止、2005年からの母子加算の削減・廃止に始まり、2013年8月からは、3年間で平均6.5%、最大で10%、年額で670億円もの生活扶助基準の引き下げを行いました。その後も、住宅扶助基準、冬季加算の引き下げを行いました。そして、さらに、2018年10月からは、3年間で平均1.8%、最大5%、年額で160億円に及ぶ生活扶助基準の引き下げを行うことを決定しています。

これらの引き下げにあたっては、その是非を検討した社会保障審議会の専門部会あるいは生活保護基準部会の報告内容が無視され、あるいはこれらの部会では検討の対象にすらなっていない事項が盛り込まれて、厚生労働省の事務当局の考えに基づいた勝手な引き下げがなされています。それだけでなく、障害者施策の決定においては当然のこととされている「私たちのことを、私たち抜きで決めないで」という当事者の参加が、全くなされておりません。

しかも、法の内容自体についても、2013年に、申請手続きの書面化、扶養義務の強化など、さらに今回、2018年には、法63条に基づく保護費の返還請求権について、破産の際に非免責債権化したうえ保護費からの天引き徴収を可能とする、医療扶助について、後発(ジェネリック)医薬品の使用を原則化するなど、利用者の権利を制限する「改悪」がなされています。

このように、生活保護基準自体が「健康で文化的な最低限度の生活」を保障するに足りないものになっているだけでなく、その「権利性」が次々と弱められようとしています。

もともと、貧困の深化と格差が拡大している実態からして、本来は、生活保護制度自体の機能強化と活用が求められているところです。にもかかわらず、お笑いタレントの母親が生活保護を利用していたことが不正受給であるとされたことに代表されるように「生活保護バッシング」が横行し、制度について、根強い偏見があります。このため、制度の捕捉率(本来制度を利用できるはずの人が制度を現実に利用している人の割合)が、日本においては、約20%とされているなど、諸外国と比較して、異常に低い水準にあることは、大きな問題です。

私たちは、これらの動きに対して、幅広い方々と連帯して反対運動を行ってきました。しかし、このような、政府による相次ぐ「改悪」に見るとき、今や、反対運動だけではなく、「真の生活保護制度の改革」はどうあるべきかを積極的に提案し、これを強力に推し進めていくことこそが必要であると確信しています。

そのために、2つの視点を重視しました。

第1は、生活保護の現場に現れている矛盾、問題点から出発し、これを徹底的に分析し、憲法25条、13条の理念に基づき改革案を提案するという視点です。

そして、第2には、今や諸外国の「公的扶助」に比べて、大きく水をあけられ、遅れた制度になってしまった生活保護制度を諸外国の制度と実態との比較の中で、改革しようという視点です。

いずれも、「生存権」のルネッサンスを目指した提案となっています。

生活保護法の改正案としては、既に、日本弁護士連合会が2008年11月18日に「生活保護法改正要綱案」を明らかにしていますが、今回の私たちの提案は、その内容に依拠しながら、その後の情勢変化と先の2つの視点を踏まえてさらに進めた内容になっています。

また、私たちは、『間違いだらけの生活保護バッシング』『間違いだらけの生活保護「改革」』（いずれも明石書店）、『生活保護「改革」ここが焦点だ!』（あけび書房）を刊行しておりますが、今回の出版は、これらの到達点を踏まえ、さらにバージョンアップした内容になっています。

私たちは、私たちの提案が唯一無二のものであるとは思っておりません。様々な立場から、様々な意見を出し合って、今日の憲法25条が骨抜きにされようとしている状況を転換しなければならないと思っています。

国会では、野党6党が「子どもの生活底上げ法案」を共同提案され、前向きの法改正を政治日程に上げることが可能となる情勢になっています。

私たちの提案を真剣に検討していただき、忌憚のないご意見をお寄せいただいて、「真の生活保護改革」を幅広い連帯の中で実現していきたいと考えております。

2018年8月　生活保護問題対策全国会議

代表幹事 弁護士 尾藤廣喜

目　次　これがホントの生活保護改革　「生活保護法」から「生活保障法」へ

第1章
相次ぐ生活保護基準引き下げと法「改正」

本章では、2013年～2015年、2018年～2020年の生活保護基準の相次ぐ引き下げと法「改正」の問題点を指摘します。

生活保護基準は、所得階層「第1・十分位」（低い方から10%）の消費水準に合わせるという手法によって引き下げられ、ボトム（底）への競争という様相を呈しています。また、法「改正」は生活保護の劣等処遇化（生活保護利用者は一般市民より劣った、様々な制約を受ける生活をして当然とする考え方）と一層の締め付けを進める危険なものです。

生存権を空洞化させようとするこうした動きに対しては、1000人を越える原告による裁判を始め、市民の側からの「前代未聞の反撃」が広がっています。

Ⅰ　2018年の引き下げについて

1　生活保護基準の引き下げ

(1) さらなる引き下げ（2013年引き下げから2018年引き下げへ）

またしても、生活保護基準が引き下げられます。2018年度から3年かけて実施される生活保護基準の引き下げ[1]（以下、18年引き下げ）は、平均1.8%、最大5%の減額であり、国費ベースで総額160億円の削減です（内訳は生活費本体180億円削減、母子加算20億円削減、児童養育加算40億円増額）。これにより、生活保護世帯の67%にあたる世帯の生活保護費が引き下がります。これは2013年からの基準引き下げ（以下、13年引き下げ）に続き、戦後2番目の規模の大幅引き下げになります(13年引き下げについては、第1章Ⅲ参照)。

13年引き下げと18年引き下げによる生活扶助基準本体(加算／他扶助は含まない)の推移(都市部：1級地1)を図1に示しています。

図1－1　2013年以降の生活扶助基準の推移

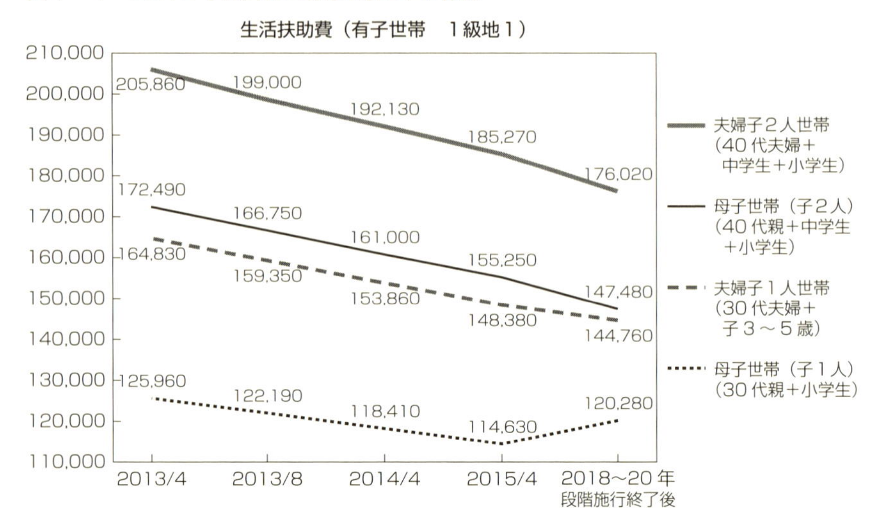

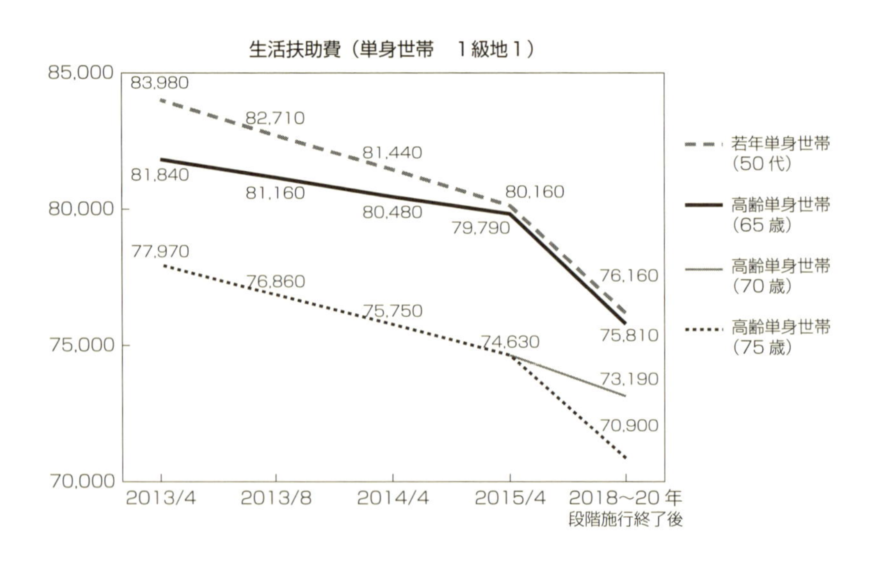

出所：筆者作成(各年度生活保護手帳等を元に算出。2014年度の消費増税による影響を調整している[2])

「夫婦子1人世帯」の場合、13～15年の引き下げにより10.0％減、18～20年の引き下げでさらに2.4％減、あわせると12.2％減額。「母子世帯（子2人）」の場合、13～15年引き下げで10.0％減、18～20年引き下げで5.0％減、あわせると14.5％の減額。また、「高齢単身世帯（75歳）」の場合、13～15年引き下げで4.3％減、18～20年引き下げで5.0％減、あわせると9.1％の減額になります。

今回の引き下げによって、増額となる世帯も一部存在しますが、13年引き下げも考慮するとほとんどの世帯が引き下げになっています。

(2) 引き下げは生活扶助基準本体だけではない

政権交代の直後に行われた2013年の生活扶助基準大幅引き下げ以降も、実はさまざまな生活保護制度の扶助・加算が引き下げられています。13年12月には年越し費用の一部である「期末一時扶助」が年70億円削減、15年7月には「住宅扶助」が年190億円削減、15年11月からは冬季の暖房費用にあたる「冬季加算」が年30億円削減となっています（いずれも国費ベース）[3]。当事者のあいだから、「これ以上何を削れば」（神戸新聞）、「生活していけない」「死んでくれと言われているようだ」（緊急ホットライン実行委員会）[4]という声がすでに出ているのも無理はないといえます。

2　生活扶助基準の引き下げの意味

(1) 水準均衡方式

現在生活扶助水準の検証にあたって用いられている方式を「水準均衡方式」といいます。これは一般国民の消費実態の水準から生活扶助基準を定めるという方法です。現在、国は「一般国民」として、低所得層（第1・十分位世帯）の消費実態と比較することにしています。第1・十分位世帯というのは、全世帯のうち所得が下から10％以内の世帯です。

生活扶助基準の検証段階で、モデル世帯（夫婦子1人世帯）について、一般低所得世帯の消費実態と生活扶助基準を比較したところ、両者はおおむね均衡していたことが確認されました。しかし、年齢、世帯人員、地域を組み合わせた世帯特性によって展開したところ、たとえば都市部では生活扶助基準の方が一般低所得世帯の実態に比べて高く、地方ではその逆であることがわかりました。この「実態と基準の乖離を是正した」というのが、国のいう「18年引き下げ（見直し）」の説明になっています。

(2) 2018年引き下げの問題点

上記の引き下げの経緯について、法政大学の布川日佐史教授は2点の問題点を指摘しています[5]。1点目は、「一般低所得世帯の生活水準悪化」です。2007年検証と2017年検証(表1－1)を見れば明らかなように、低所得世帯の消費支出も生活扶助の基準も10年間で1.2～1.4万円近く下がっています。

表1－1　消費支出額と生活扶助基準額の変化

	2007年検証	2017年検証	減少額・比率
第1・十分位　消費支出額	215,646円	202,240円	－13,406円　93.8%
同　生活扶助相当支出額	148,781円	136,638円	－12,143円　91.8%
生活扶助基準額	150,408円	136,495円	－13,913円　90.7%

出所：布川（2018）：p.12

布川教授は、「(両者の)金額がほぼ等しくなったのは第1・十分位という生活保護基準以下の低所得世帯の消費額が下がり、それに引きずられて生活扶助が引き下げられたから」と指摘しています。まさにこれは水準均衡方式の限界です。低所得世帯の暮らし向きが厳しくなる社会(10年間で下位10%層の年収は132万円から116万円に減りました[6])では生活扶助基準も連動して下がってしまいます。生活保護の水準以下の生活を送っている層がこれほどまでに増えていること自体が問題なのですが、生活保護の超低捕捉率が放置されていることがこのことに拍車をかけています。水準均衡方式は一般国民との比較のなかで、生活扶助の基準を定めていますので、このように下へ下へと引き下げあうような事態が生まれてしまいます。

2点目は、「中間所得層との格差拡大」です。1点目の指摘はあるものの、実は今回の検証の初期段階において、モデル世帯では一般低所得世帯と生活扶助基準は均衡がとれていました(18年引き下げ前の扶助基準が適正ということ)。しかし、これをもとに年齢、世帯人員、地域を指数化し、様々な世帯に展開していった結果、先に述べたように、67%の世帯が、実際には基準が引き下がるような結果となりました。

展開後の世帯基準の検証において、高齢夫婦、高齢単身、若者単身世帯などが、中間所得層(第3・五分位値)の消費支出の50%台に落ち込むことがすでに判明しています(表1－2)。このことから布川教授は展開方法に問題がある可能性を指摘しています。

表1－2　第3・五分位の消費水準に対する生活扶助基準額（案）等の水準検証

世帯類型	第1・十分位の生活扶助相当支出／第3・五部位の生活扶助相当支出	展開方式①による基準額／第3・五分位の生活扶助相当支出	展開方式②による基準額／第3・五分位の生活扶助相当支出
夫婦子１人（勤労者）（分母：65歳未満の夫婦＋18際未満の子）	70%（分子；65歳未満の夫婦+18歳未満の子）	67%（分子：30歳未満＋子3～5歳）	68%（分子：30歳未満＋子3～5歳）
高齢夫婦（貯蓄加味）（分母：夫婦共に65歳以上）	61%（分子；夫婦共に65歳以上）	56%（分子：夫婦共に65～74歳）	51%（分子：夫婦共に65～74歳）
高齢夫婦（世帯年収）（分母：夫婦共に65歳以上）	63%（分子；夫婦共に65歳以上）	56%（分子：夫婦共に65～74歳）	51%（分子：夫婦共に65～74歳）
高齢単身（貯蓄加味）（分母：65歳以上）	50%（分子；65歳以上）	55%（分子：65～74歳）	57%（分子：65～74歳）
高齢単身（世帯年収）（分母：65歳以上）	55%（分子；65歳以上）	54%（分子：65～74歳）	57%（分子：65～74歳）
若年単身（勤労者）（分母：18歳から64歳未満）	69%（分子；18歳から64歳未満）	56%（分子：18歳から64歳未満）	58%（分子：18歳から64歳未満）

出所：「生活保護基準部会報告書」（2017）：p.23[7]

水準均衡方式というのは、「一般国民」との比較ですから、必ずしも最下位10%層との比較だけで算定するわけではありません。「格差縮小方式」から「水準均衡方式」に移行する段階で、一般世帯（中間所得層）の60%水準は確保することとされていたため、今回の検証結果により、一部の世帯で中間所得層との格差が60%水準を切り50%に達したことは深刻な事態といえます。現に、生活保護基準の検証を行う国の専門委員会である生活保護基準部会（以下、基準部会）の報告書においても、「単身世帯と多人数世帯の指数が小さく出ている可能性がある。特に中学生や高校生のいる世帯については、……算出した指数が必要な消費水準を十分に反映していない可能性も否定できない。……子どもの健全育成のための費用が確保されない恐れがある」として警鐘を鳴らしています。現行の方式は、算出された指数とデータによる展開自体に問題がある可能性があります。なにより低所得層と比較して決定するため、一般低所得世帯の生活水準の悪化に伴い際限なく切り下げが行われ、健康で文化的な最低限度の生活の給付水準を割り込む（または、すでに割り込んでいる）おそれがあるのです。このことからも生活保護基準を変える際は、本来はとても丁寧な検証が必要です。それにもかかわらず、実は国は13年引き下げの検証を不十分なままに、18年引き下げを決めました。この点についても基準部会は報告書で指摘しています（「生活保護基準部会報告書」（2017）：pp.27−29）。

(3) 根本的な発想の転換が必要

厚生労働省は、18年引き下げの原案では、中学生・高校生がいる子育て世帯や都市部の受給世帯を中心に最大13.7%の減額になるとしていました。結果的には最大5%の引き下げに抑えるとして緩和策を導入しましたが、もし仮に現行の水準均衡方式で検証を継続するのであれば、次の検証でまた引き下げとなることは明白です。こうした水準均衡方式の課題もあって、5年前の基準部会からすでに、新たな検証方法の開発の必要性が指摘されていました。今回の部会においても、MIS(ミニマム・インカム・スタンダード)法、新マーケットバスケット方式、それらを組み合わせる検証について触れられましたが、これが実際に取り入れられることはありませんでした。結果として、今回の基準部会でも再度、現行方式の限界と新たな方式の開発を警告しています。これらの方法を導入すれば、生活保護基準が上がる可能性が高かったことがその理由といわれています。

真の貧困・低所得対策とは、生活保護基準を引き下げて、社会が対応すべき「貧困」と判断する基準を切り下げることではないはずです。むしろ、健康で文化的な最低限度の生活を送ることができるしっかりとした生活保護基準を保障し、同時に「一般の低所得世帯の消費水準の改善を図る」(生活保護基準部会報告書:p.28)ことが肝要です。そのために、際限なく低くなっていくような方式とは異なる、根本的な発想の転換が求められています。

(4) 当事者の声を聞く仕組みを

13年に引き続き、18年からも大幅に引き下げられる生活保護ですが、これまで挙げたさまざまな問題に加えて、この検証を行う専門委員会(生活保護基準部会)はこれまで一度も当事者である生活保護利用者の声を聞く機会を設けていません。科学的な検証はもちろん大切ですが、実際にその引き下げの影響を直接受ける当事者、過去の引き下げの影響を受けた当事者の生の声を聞かずに、その切実さが本当の意味で理解できるとは思えません。障害福祉政策などの領域では、すでに当事者が参加することは一般的になっていることからも、早急に「当事者の声を聞く仕組み」を導入するべきです。

3　子どものいる世帯の扶助・加算

今回の18年引き下げは生活扶助基準本体にとどまらず、子どものいる世帯の扶助や加算も変更が加えられます。以下では、子どものいる世帯の扶助・加算の変更についてみていきます。

（1）母子加算

ひとり親世帯（父子等も含む）が子育てをする上で、発生する追加的な需要を満たすために、1949年から創設されていたのが「母子加算」です。過去には、2005年に廃止が決定され、07年に完全廃止されたものの、その後廃止を決定した根拠データが不十分であったことが指摘され、民主党政権への政権交代等の影響により09年12月から復活したという経緯があります。

今回、母子加算は最大2割の減額となります。子ども1人の場合、平均月約2.1万円の加算が平均月1.7万円にまで減額されます。母子加算の予算総額では、国費ベースで20億円の削減です。母子加算の削減について、国は子どものいる世帯の消費実態を分析し、「ひとり親世帯のかかり増し費用」を導き出したと主張しています。ただし、この検証方法はあくまで一般世帯の消費支出との対比であり、「生活保護世帯の子どもの健全育成」という視点はありません。基準部会の岡部委員から、「データからすれば減額だとしても、健全育成という観点からすれば後退している」（第37回基準部会）との指摘がなされています。

（2）児童養育加算

児童養育加算は、これまで中学生以下の児童1人あたり月1万円、そして3歳未満等の児童（第3子の小学校修了前を含む）には月1.5万円が認められていました。2018年の引き下げで、加算の範囲が中学生から高校生までに拡大する一方、3歳児未満の加算が1.5万円→1.0万円に引き下げられ、一律に1万円となりました。

高校生への対象拡大により国費ベースの予算額は40億円増額となっていますが、注目すべきなのが3歳未満の児童への引き下げです。児童養育加算はこれまで児童手当の金額と連動して設定されていました。今回この連動が断ち切られることになります[8]。3歳児未満という子どもの育成に大切な時期の手当を削り、一般世帯との経済的な格差が一層開いてしまうことになります。

基準部会の報告書には、「一般低所得世帯と中位階層との間に学校外活動費用について1万円の差が確認された。このことから、現在中学生までとしている加算を高校生まで広げる必要があるのではないか」としか書かれていません(3歳児未満の加算削減には言及していません)。高校生に対して「特別な需要」が存在することは専門委員会でも提唱されていますが、それを根拠になぜか3歳児未満の扶助を5千円削られることになりました。

(3) 学習支援費

生活保護世帯の子どもの健全育成を目的とした「学習支援費」(09年創設)も改悪と呼ぶべき見直しが行われます。従来は児童1人あたり小学校2,630円、中学校4,450円、高校5,150円が毎月の生活保護費に加えて支給されていました。これらがすべて実費請求方式に変更となります(実費上限は年額で小学校約1.6万円、中学校約5.9万円、高校約8.3万円)。実費の請求方式というのは、制度の周知の問題や煩雑な事務手続き(当事者はもちろん、福祉事務所にとっても)といった点から、特に貧困・低所得世帯には効果が届きにくいと言われています。事前の費用負担を忌避して、利用自体を控える申請抑制につながる恐れもあります。

そして、これが学習支援費の最大の改悪ですが、扶助の対象範囲が「従来の教育扶助が対象としていなかった学習参考書や一般教養図書などの購入費、課外のクラブ活動費」から、「クラブ活動費のみ」になりました。この変更により生活保護世帯が子どものために参考書や図鑑を買うというような従来の形での使用ができなくなり、クラブ活動をしていない生徒がいる家庭にとっては、毎月の学習支援費の費用分(小学校2630円、中学校4450円、高校5150円)実質引き下げになります[9]。

中学三年生や高校三年生などの受験生が、これまで学習参考書に要していた費用を対象から除外するような見直しが本当に今望まれている対策の在り方でしょうか。クラブ活動をしていない子どもや、不登校状態で学校にいけずに家で本を読んでいる子も対象外になります。国の「子どもの貧困対策」、「被保護世帯の子どもの健全育成」というのは、クラブ活動のお金だけを出すような「対策」なのでしょうか。

4　他の低所得者施策への影響

生活保護の基準というのは、しばしば「生活保護を利用している人々が受け取っている金額」として理解されていますが、これは非常にせまい理解です。生活保護基準というのは、憲法25条が保障する「健康で文化的な最低限度の生活」を具現化するものであり、公式の貧困線をもたない日本におけるナショナル・ミニマムの代理指標です。ゆえに生活保護基準を下げるということは、日本における貧困・低所得者を対象とした他のあらゆる施策に影響します。国は、2018年1月19日「生活保護基準の見直しに伴い他制度に生じる影響について」を発表し、生活保護基準の引き下げに伴い、直接影響を受ける国の制度として、47の分野を例示しました（参考例：就学援助、指定難病患者への医療費助成、介護保険料・障害福祉サービスの利用者負担の減免、国民年金保険料の減免基準……）。

国は、「生活保護基準額が減額となる場合には、できる限りその影響が及ばないよう対応する」としていますが、そもそも生活保護基準を下げるということは、国のナショナル・ミニマムを下げることです。あたかも生活保護利用者の受給額だけを下げ、生活保護利用者と他の低所得一般世帯を分断するかのようなことを言っていますが、たとえば就学援助の場合、13年引き下げでは、89自治体で影響が生じ、東京都中野区で約200人、横浜市では977人が就学援助を受けられなくなりました（毎日新聞 2018）[10]。

例示された47事業以外にも、最低賃金や住民税の非課税基準は生活保護基準を参照にしているため、実際はより多くの制度や事業に（そして経済全体にも）影響が及ぶと考えられます。生活保護基準を下げることは生活保護利用者だけにとどまらず、国が、本来対応しなければならない「貧困・低所得のライン全体」をおし下げてしまうということなのです。

Ⅱ　2018年の生活保護法等の「改正」の問題点

1　生活保護法「改正」等の問題点

2018年10月から一部「改正」される生活保護法等の主要な問題点を考えてみます。

(1) 後発（ジェネリック）医薬品の原則化
（法34条3項改正、2018年10月1日施行）

実務上、既に事実上原則化されてきた後発（ジェネリック）医薬品（以下、単に「ジェネリック」といいます）の使用について、「医師等が医学的知見から問題ないと判断するもの」という限定つきで、法文上も原則化します。

最新のデータでは、生活保護世帯の72%がジェネリックを使用しています。これは一般世帯に比べ7ポイントほど高い数値です。厚生労働省は生活保護世帯のジェネリック使用の目標値を2018年度は80%とし、その目標達成のために原則化するとしています。

このような数値目標の設定がはたして妥当なのか、疑問があります。その理由のひとつは、ジェネリックを使用していない理由の約3割が「保険薬局に備蓄がない」ということです。つまり、原則化することだけで改善できるものではないのです。

そもそも、生活保護世帯についてのみジェネリックの使用を原則化することは「医療の選択権」を奪う劣等処遇であり、根本が間違っています。国連人権高等弁務官事務所の人権専門家が2018年5月24日、「貧困層の社会保障を脅かす生活保護削減」と警告するプレスリリースを公表し、日本政府に要請しました。この中心課題は、2018年10月からの生活保護基準引き下げについて、「貧困層の社会保障を脅かす生活保護削減」だという、日本に対する警告です。その後段で、生活保護利用者についてのジェネリックの原則化についても触れており、「生活保護受給を理由に、医薬品の使用に制限を課すことは、国際人権法に違反する不当な差別に当たる。政府は改正法案を慎重に再検討するよう強く要請する」としています[11]。

この問題に限らず、日本は国連人権機関からさまざまな厳しい勧告を受けています。しかし政府は、勧告には法的拘束力がなく、従う義務はないという内容の国会答弁を閣議決定する等、勧告の実現に向けた努力を怠っています。上記の要請についても「一方的な情報に基づく発表」だとして、国連人権高等弁務官事務所に対して抗議を行っています。確かに、勧告そのものに法的拘束力がないのは事実です。しかし、国際的な専門家からの勧告には人権規約の解釈指針としての権威があるため、多くの国が従う努力をしています。その中で、自省することのできない日本の姿勢は異様です。

生活保護世帯にのみジェネリックを原則化することは、国際的には不当な差別とされているのです。そのことも考慮した、慎重な実務運用が求められています。

(2) 63条返還金を国税徴収の例による債権とし、保護費からの天引きも（法77条の2新設、78条の2改正、2018年10月1日施行）

これが、実務的には、今回「改正」の最大の問題点でしょう。2013年の法「改正」で、不正受給による返還金（法78条）が国税徴収の例による債権として非免責債権（自己破産しても免責されない債権）とされ、保護費からの天引きが認められました。今回は、それを63条返還金にも拡張します。

天引きをすると差押えが禁止されている保護費を差押えするのと同じ効果があります。ご本人の同意を前提にするとはいえ、力関係からすれば事実上の強制となる懸念もあります。

63条返還とは、生活保護を受けた後で遊休不動産の売却代金や事件・事故の賠償金などが入ってきた時に、それまでに受けていた保護費の返還を求められることをいいます。これは実務上全額返還とされている不正受給と違って、本人には何の落ち度もない場合なので、その世帯の「自立更生」に資する使い道がある場合には柔軟に返還免除されることになっています。しかし、現実には安易に全額を返還請求する例が後を絶たず、福祉事務所の判断を違法と断ずる裁判例が多数出ています[12]。

こうした現状の中で今回のような「改正」がされると、全額返還請求が本当は違法なのに、破産しても免責されず、保護費からの天引きで、最後まで回収されてしまう事態が頻発するおそれがあります。

日弁連も、生活保護法改正案から63条返還金を国税徴収の例によるとし、保護費からの天引きを認める2つの条項を削除すべきという意見書を発表しています[13]。

なお、厚生労働大臣の国会答弁では、福祉事務所側の事務処理のミスによる過払い金については、この条項の対象から外すとしています。

(3) 被保護者健康管理支援事業の創設
(法55条の8、55条の9新設、2021年1月1日施行)

生活保護利用者の「健康の保持及び増進を図るため」に「保健指導、医療の受診の勧奨」などを行うとして、「被保護者健康管理支援事業」が創設されます。新設の59条に「被保護者の年齢別及び地域別の疾病の動向その他」の調査分析についての記述があります。つまり、生活保護利用者の疾病の動向等を把握したいという理由があると思われます。生活保護利用者のための支援事業ではない点で、この事業の創設には疑問があります。

(4) 日常生活支援住居施設の創設
(社会福祉法68条の2～68条の6新設、2020年4月1日施行)

生活保護利用者の日常生活の支援のために、「日常生活支援住居施設」を創設します。この施設について、省令で標準を定め、都道府県が条例で基準を定めることになります。いわゆる貧困ビジネスを撲滅するため、「優良な施設」を生活保護制度のなかに位置づけるものです。

確かに、日常生活に困難がある人の生活をどう支援していくのかは重要な課題です。しかし、「何をもとに日常生活に困難があると判断するのか」「誰がどういった専門性でそれを判断するのか」など、判断基準が明確でなく、恣意的な運用もされがちです。

居宅生活が行えると判断される基準、「日常生活支援住居施設」での居住が妥当と判断される状況というのはどのようなものなのかなどについて、不明瞭な部分があることは、当事者の視点からは大きな問題です。

そもそも、生活保護法ではアパート等の居宅での保護が原則です(法30条1項)。ある種の「施設」の機能を強化することで、本来はアパート生活に移行できる人を安易に施設に留めてしまう危険性があります。

(5) 問題の附帯決議：医療費の自己負担

今回の法律には、衆参両院で、それぞれ附帯決議がされました。問題なのが衆議院の附帯決議で、「明らかに過剰な頻回受診の適正化を図るため、最低生活保障との両立の観点を踏まえつつも、医療扶助費における窓口負担について、いわゆる償還払いの試行も含めた方策の在り方について検討を行うこと」と、医療費の自己負担が焦点となっています。

しかし、仮に後で償還されるとしても医療費を自己負担するということは、最低生活費を割り込むことになるので憲法違反であり、到底許されません。今回の「改正」についての論議をしてきた、社会保障審議会の専門部会（生活困窮者自立支援及び生活保護部会）に提出された資料では、そもそも医療費が無料だから安易に医療機関を受診するという実態はなく、むしろ高齢者や子どもに関しては生活保護世帯の受診が少ないことが明らかにされています。稼働年齢層の受診が生活保護世帯のほうが多いのは、一般世帯より病気で働けない人が多いことから、ある意味、当然のことでしょう。専門部会でも、日本医師会や連合を含む多くの委員から反対が相次ぎ、まとめられた平成29年12月15日付け報告書でも「必要な医療の受診まで抑制され、むしろ長期的には医療費が増えるという懸念、仕組みによっては医療機関の未収金やケースワーカーの事務負担の増加につながるといった懸念もあることから、反対する意見が多数であった」と指摘されています。

(6)「薬局の一元化」事業

法改正ではありませんが、「薬局の一元化」、すなわち複数の医療機関を受診している際にも、原則として一つの薬局での調剤処方とする事業を2018年度から本格実施したいとの意向が示されています。生活保護世帯のみ薬局を一つに限る点で、劣等処遇になります。また、通院交通費が支給されるのはあくまで通院の場合であり、薬局への交通費は支給されません。その結果、交通費を工面できず、医療から遠ざかることになりかねないという問題点もあります。

2　野党共同提案に見える本来の改革の方向性

第196回国会には、野党共同提案で生活保護法の改正案が出されました。通称「子どもの生活底上げ法案」とも呼ばれ、立憲民主党、希望の党、日本共産党、無所属の会、自由党、社民党の6野党・会派の提案によるものでした。主な内容としては、

①保護基準の検討のあり方（現行の「水準均衡方式」）を見直す間、生活保護基

準を利用者に不利な内容に変えることを禁止する(2018年10月から3年かけて行われる生活扶助基準の引き下げ・見直しの見送り)

②貧困の連鎖を断ち、子どもの生活の安定を図るため母子加算の減額を止めるとともに、大学等の進学の妨げとなっている世帯分離(世帯にいるにもかかわらず、保護の対象から外す手法)を止め、世帯内での就学を認める

③児童扶養手当の支給額を月額1万円増額し、支給対象も「20歳未満の者」まで拡大するとともに、家計管理がしやすいように毎月支給にする

というものでした。

採決せず廃案となりましたが、本来の生活保護制度等の改善の方向性を示すものであり、未来につながる提案でした。私たちは、その次の段階として、本書が提案する改正法案が超党派で成立するよう、運動を進めていきたいと考えています。

Ⅲ　2013年の生活保護基準引き下げと「いのちのとりで裁判」

1　2013年からの生活保護基準引き下げの内容

自民党は、2012年12月16日の総選挙で「生活保護給付水準の原則1割カット」を公約に掲げて戦い圧勝し、民主党から政権を奪還しました。安倍政権の田村憲久厚生労働大臣は、就任直後の12月27日、28日の記者会見で、基準部会の検証結果がまだ出ていないにもかかわらず、「下げないということはない」、「下げるということが前提で色々と議論をしてきている」、「1割カットは公約で打ち出したことだから自民党から選出された大臣としてはある程度の制約は受ける」などと発言しました。そして、安倍政権は、2013年1月29日、史上最大の生活保護基準の引き下げを含む予算を閣議決定しました。この予算案は同年5月15日、成立しましたが、田村憲久厚生労働大臣(当時)は、「待っていました」とばかりに翌16日、成立した予算に従って生活保護基準を引き下げる大臣告示を発出しました。

引き下げの内容は、平均6.5%、最大10%、総額約670億円(国費ベース)、

96％の世帯が引き下げの影響を受けるという前代未聞の規模で、2013年8月、2014年4月、2015年4月の3回に分けて実行されました。

2　2013年からの生活保護基準引き下げの問題点

国は、総額約670億円の削減のうち、90億円は生活保護基準部会の検証結果を一応ふまえた「ゆがみ調整」で、580億円は2008年から2011年の物価下落（デフレ）を考慮した「デフレ調整」と説明していますが、そのいずれにも次のとおり、大きな問題があります[14]。

(1)「ゆがみ調整」の問題点

国は、第1・十分位という下位10％の所得階層の消費水準と生活保護基準を比較し、年齢別・世帯人員別・地域別の「ゆがみ」を是正したと説明しています。

基準部会が第1・十分位を比較対象とした理由は、いずれも説得力を欠くものでしたが[15]、基準部会の検証結果では、高齢単身世帯は平均3300円（4.5％）、高齢夫婦世帯は平均1700円（1.6％）、生活保護基準の引き上げが必要とされていました。これは、2006年に老齢加算が全廃されたことによる生活保護の高齢世帯の生活状況の悪化を反映しているものと思われます。

ところが、北海道新聞の本田良一記者が情報公開請求と不服申立てで入手した「取扱厳重　注意」文書（図1－2）に基づいて、2016年6月に書いたスクープ記事[16]によって、とんでもないことが明るみに出ました。実は、厚生労働省が基準部会にまったく無断で、基準部会の検証結果の数値を2分の1にしていたことが判明したのです。国は「激変緩和のため」と弁明しますが、そうであれば減額方向の数値のみ2分の1にすればよいのに増額方向の数値も2分の1にしています。そして、(2)で述べるとおり、これも基準部会に全く無断で「デフレ」を考慮したため、本来上がるはずだった高齢世帯も含めて、ほとんどの世帯が基準を引き下げられることとなったのです。

図1－2　世帯類型ごとの基準額

※今回の検証で参照した平成21年全国消費実態調査の個票データの分析に基づく。

【現行の基準額と今回の検証結果を勘案した基準額を比較した場合】　→　【見直し後の基準額】

世帯類型	①現行基準額を適用した場合の平均値	②検証結果を完全に反映した場合の平均値(注1)	検証結果の影響(②／①)	③見直し後基準額を適用した場合の平均値(注2)	検証結果の影響(③／①)
夫婦子1人	約15万7千円	約14万3千円	92%	約14万4千円	92%
夫婦子2人	約18万6千円	約15万9千円	86%	約16万9千円	91%
高齢単身(60歳以上)	約7万3千円	約7万7千円	105%	約7万1千円	97%
高齢夫婦(60歳以上)	約10万6千円	約10万8千円	102%	約10万3千円	97%
単身(20～50代)	約7万8千円	約7万7千円	98%	約7万4千円	94%
母子世帯(18歳未満の子1人)	約13万9千円	約13万1千円	95%	約12万9千円	93%

※現行の基準額は、消費実態と比べた場合、単身世帯より多人数世帯、高齢者より若年者の方が相対的に乖離が大きい傾向があり、その影響によって上記のような結果となっている。

（注1）今回の基準部会における検証結果である年齢・世帯人員・地域差による影響を完全に調整した場合。
（注2）年齢・世帯人員・地域差による影響の調整を1／2とし、平成20年から23年の物価動向を勘案した場合。（世帯ごとの増減幅は最大10%とした上で、平均値を算出。）
（注3）基準額はいずれも児童養育加算、母子加算、冬季加算を含む。
（注4）児童養育加算は平成21年当時の児童手当制度によるが、直近の制度でも①と③の差は変わらない。

(2)「デフレ調整」の問題点

①専門家の意見を全く聞かずに初めて物価を考慮

「デフレ調整」の方は、さらに問題です。

まず、そもそも昭和59年から現在まで続いている「水準均衡方式」という保護基準の改定方式は、消費支出に着目する方式であり、物価動向を勘案したことは一度もありませんでした。物価を考慮するということは保護基準の改定方式の根本を変更するということなので、少なくとも物価や統計の専門家も入れて基準部会での専門的な検証が行われるべきでした。しかし、基準部会でこの点についての検討は一切行われていません[17]。つまり、学識経験者の検証を踏まえるという「最低限の体裁」さえかなぐり捨てて、670億円の削減のうち9割近い580億円の削減幅を叩き出しているのです。

厚生労働省の理屈はこうです。「デフレで物価が下落し、同じお金でたくさんの物が買えるようになっているので生活扶助基準を引き下げるべきだ」。しかし、仮に物価を考慮するなら考慮の仕方というものがあるはずです。大幅引き下げの論拠として厚生労働省が作り出した「生活扶助相当CPI（消費者物価指数）」なる概念は、以下に見る通りとにかくめちゃくちゃなのです[18]。

②比較する年次の選択の問題

厚生労働省は、2008年と2011年を比較年次として選択しました。2008年を起点としたのは前回の基準見直し時期だからと言います。確かに2007年末には生活扶助基準の見直しが検討されましたが、強い反対運動があったため、「現下の原油価格の高騰」を理由に2008年の基準引き下げは見送られました。厚生労働省の理屈から言えば、本来、起点は生活保護基準が実際に前回改定された2004年とされるべきでした。

では、なぜ2004年ではなく2008年が起点とされたのでしょうか。図1－3を見てください。

図1－3　費目によって異なる物価の動き

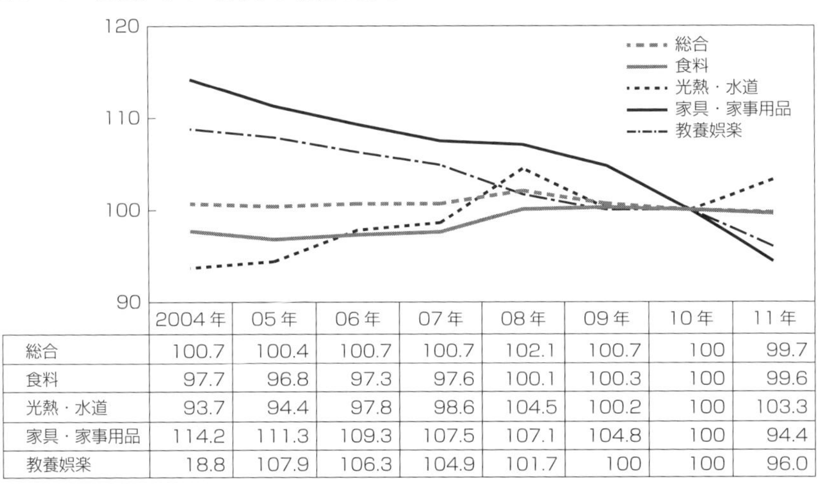

	2004年	05年	06年	07年	08年	09年	10年	11年
総合	100.7	100.4	100.7	100.7	102.1	100.7	100	99.7
食料	97.7	96.8	97.3	97.6	100.1	100.3	100	99.6
光熱・水道	93.7	94.4	97.8	98.6	104.5	100.2	100	103.3
家具・家事用品	114.2	111.3	109.3	107.5	107.1	104.8	100	94.4
教養娯楽	18.8	107.9	106.3	104.9	101.7	100	100	96.0

総合物価指数をみると、2008年は飛びぬけて物価が高かった年です。2004年から2011年は1％しか物価は下がっていませんが、2008年からだと2.4％もの物価下落があります。物価下落を大きくするために比較する年次を恣意的に選択したとしか考えられません。

③ウエイトの問題

図1－3を見ればわかるとおり、費目によって物価の動きはまったく異なります。2004年と2011年を比べると、電気製品を含む家具・家事用品費や教養娯楽費は大きく下がっていますが、食料は1.9％、光熱・水道費は9.6％も上がっています。

生活保護利用者等の低所得層は、電気製品などのぜいたく品はほとんど買わず、食費や光熱費等の生活必需品が家計に占める割合が高くなっています。本来は、こうした生活保護利用者の生活実態を調査した「社会保障生計調査」のデータをもとにウエイト（消費支出割合）を算出すべきでした。少なくとも「ゆがみ調整」で使った第1・十分位（下位10％）のデータを使うべきでした。そうすれば、生活保護利用者等の低所得者が物価下落の恩恵にほとんど与っていないことがわかったはずです。

ところが、厚生労働省は、一般世帯のウエイトを前提として、さらに家賃、教育費、医療費、自動車関係費など生活扶助費で賄われない品目を除外しました。そのため、図1－4のように、電気製品が占めるウエイトが一般世帯は2.68％なのに生活扶助相当CPIでは4.19％となりました。つまり、「生活保護世帯は一般世帯の1.5倍以上も電気製品を買っている」というあり得ない事実を前提として計算がされたのです。

図1－4　電気製品と考えられる21品目とそのウエイト

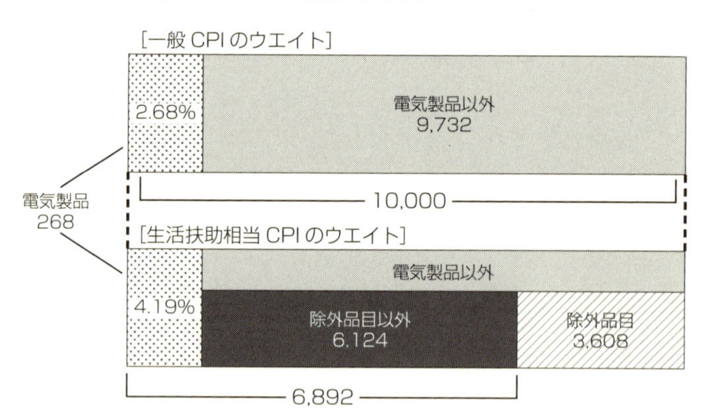

出所：山田壮志郎准教授（日本福祉大学）作成資料

④算式の問題

そのうえ、用いられた算式もめちゃくちゃです。総務省は、戦後一貫して国際基準に則り「ラスパイレス指数」という算式を用いて消費者物価指数を計算し発表してきています。ところが、生活扶助相当CPIでは、2008年から2010年は「パーシェ指数」、2010年から2011年は「ラスパイレス指数」と時期によって異なる算式を組み合わせて計算するという禁じ手に手を染めています。

こうした数々の操作の結果、2008年から2011年にかけての変化率は、総務省CPIでは2.55％（102.1－99.5/102.1）なのに、生活扶助相当CPIでは4.78％（104.5－99.5/104.5）となります（図1－5）。つまり、生活保護利用者は一般の人の2倍近くも物価下落の恩恵に与っているという、これまたあり得ない数値に基づいて、生活保護基準が大幅に引き下げられたのです。

日銀番の経験もある中日新聞の白井康彦記者は、「物価偽装」であるとして厳しく批判しています[19]。

図1－5　生活扶助相当CPIの下落率が過剰に大きくなる理由

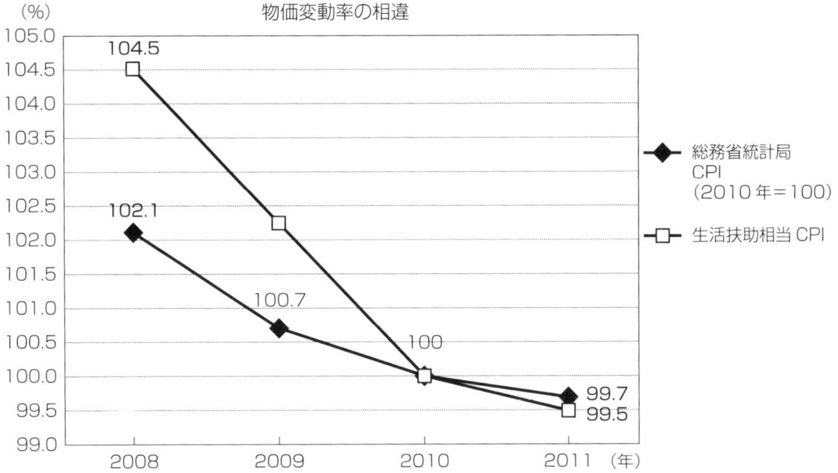

物価変動率の相違

(%)

105.0
104.5
104.0
103.5
103.0
102.5
102.0
101.5
101.0
100.5
100.0
99.5
99.0

2008　2009　2010　2011（年）

104.5
102.1
100.7
100
99.7
99.5

総務省統計局CPI（2010年＝100）
生活扶助相当CPI

(3) 専門家の知見を徹頭徹尾無視した厚労省

このように厚労省は、基準部会の検証による数値を勝手に2分の1にしたうえ、基準部会に無断で「生活扶助相当CPI」という怪しげな概念をつくりだして前代未聞の大幅引き下げを導き出しました。これは、「生活保護給付水準の原則1割カット」という自民党の政権公約を実現するためには、基準部会の専門的知見を徹頭徹尾無視するという乱暴なことをせざるを得なかったということです。

老齢加算福岡訴訟の平成24年4月2日最高裁第二小法廷判決は、厚生労働大臣の裁量判断には「統計等の客観的数値等との合理的関連性や専門的知見との整合性」が認められなければならないとしています。2013年からの基準引き下げは、この最高裁判決の考え方に照らしても違法であることが明らかです。

(4) 2018年の見直しでは物価を考慮しないご都合主義

実は、厚生労働省は、2018年の生活扶助基準の見直しにあたっても、2015

年基準での生活扶助相当CPIの試算をしています[20]。それによると、2011年から2016年にかけての生活扶助相当CPIの変化率は5.2%（95.1－100.1/95.1）のプラスです(図1－6)。

図1－6　平成27年基準生活扶助相当CPI

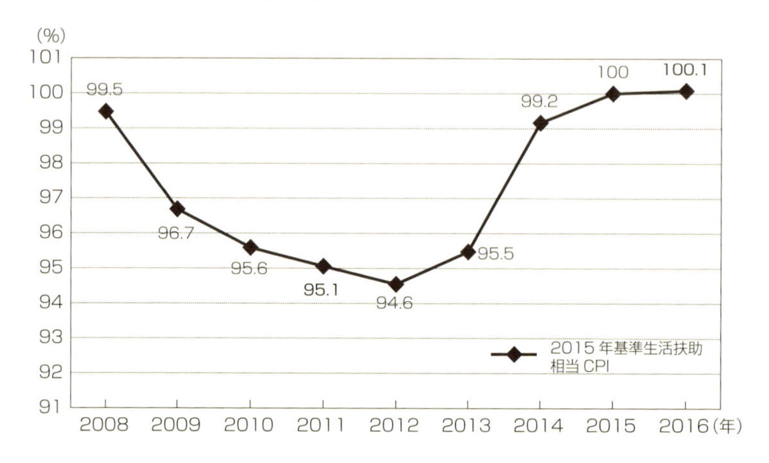

ところが、今回国は生活扶助相当CPIを考慮しませんでした。「デフレの時は物価を考慮するが、インフレの時には考慮しない」というのは「引き下げありき」のご都合主義というほかありません。第2章Ｉ5(2)で紹介するとおり、ドイツの連邦憲法裁判所は生活保護基準の改定方式に「首尾一貫性」を求めていますが、今の日本のやり方は「首尾一貫」とはほど遠い「支離滅裂」です。

3　前代未聞の攻撃には前代未聞の反撃を

1で述べたとおり、2013年からの生活保護基準引き下げは、前代未聞の規模でした。これに対して私たちは、「前代未聞の攻撃には前代未聞の反撃を！」を合言葉に、さまざまな取り組みを進めてきました。

(1) 1万件審査請求運動の成功

私たちは、「生活保護基準引き下げにNO！　全国争訟ネットワーク」を立ち上げ、2013年7月26日、厚生労働記者会で記者会見をし、9月中旬を集中申立期間として、全国に「1万件審査請求運動」を呼びかけました。

マンガ入りのチラシとともに簡単な審査請求書のひな型をインターネットでダウンロードできるようにし、8月6日、7日には全国一斉のホットラインも行い、約700件の相談が殺到しました。各種の支援団体も力を入れて取り組んだ結果、10月11日、わずか2か月余りの取り組みで1万191件の審査請求が全都道府県に提起されて目標を達したことを記者会見で発表しました。それまでで最多の審査請求件数は1086件(2009年)でしたから、その10倍の規模です(一連の引き下げに対する審査請求の件数は、3年間で2万件を突破し3万件に迫りました)。

(2)「いのちのとりで裁判」の提起

審査請求手続きを経て、2014年2月の佐賀県での提訴を皮切りに全国各地で次々と違憲訴訟が提起されました。2018年6月時点で、全国29都道府県で1000人を超える原告が訴訟に立ち上がっています。弁護団員は全国で300人を超えています。全国事務局会議を京都か大阪で1か月に1回、全国弁護団会議を東京か大阪で3～4か月に1回開催しています。全国会議には北は北海道から南は九州・沖縄まで全国から毎回60～80名の弁護士が参加し、毎回研究者を招いて活発な学習や意見交換が行われています。これだけの弁護士が手弁当で生活保護裁判に取り組んでいること自体、10年前には考えられなかったことで隔世の感があります。

年間60万件を超える審査請求、11万件を超える訴訟を擁するドイツ(第4章Ⅱ5参照)にはまだ遠く及びませんが、数万件の審査請求、1000人の訴訟というのはわが国の生活保護争訟史上エポックメイクとなる闘いです。

この裁判については、地域によって「新生存権裁判」などさまざまに名付けられていますが、全国では、作家の雨宮処凛さんの発案で「いのちのとりで裁判」と呼んでいます。

(3)「25条大集会」から「いのちのとりで裁判全国アクション」へ

こうした運動の広がりを踏まえ、2015年10月18日には、日比谷野外音楽堂で「人間らしく生きたい。まもろう憲法25条～生活保護アクションin日比谷～(25条大集会)」が開催されました。3000人集会を銘打ちましたが、蓋を開けてみると全国各地から4000人もの人が集結し、集会終了後は銀座に向けてパレードも行いました。金子勝さん(慶應大教授)、荻原博子さん(経済ジャーナリスト)、森永卓郎さん(経済評論家)、平野啓一郎さん(作家)、堤未果さん(ジャーナリスト)、益川敏英さん(名古屋大学素粒子宇宙起源研究機構長)など、これまでになく幅広い著名人が集会の趣旨に賛同してくださいました。これも、生活保護問題の集会では明らかに前代未聞の規模であり、参加した誰もが大きな勇気をもらいました(詳しくは「25条大集会」HPをご覧ください)。

そして、2016年11月7日、「いのちのとりで裁判全国アクション設立記念集会」が開かれました(「いのちのとりで裁判全国アクション」のHPもあるのでご覧ください)。衆議院第1議員会館に300名以上が参加し、民進、共産、自由各党の国会議員の方にもご挨拶いただきました。ちなみに同アクションの共同代表は、雨宮処凛さん(作家)、稲葉剛さん(住まいの貧困に取り組むネットワーク世話人)、井上英夫さん(金沢大学名誉教授)、尾藤廣喜(生活保護問題対策全国会議代表幹事、弁護士)、安形義弘さん(全国生活と健康を守る会連合会会長)、藤井克徳さん(日本障害者協議会代表)です。

同アクションでは、「生活保護はいのちのとりで」緊急署名や、毎月25日の「いのちのとりでDAYアクション」などに取り組み、2018年の基準引き下げの動きに対しても緊急院内集会を開催したり、野党各党の国会議員の方々の協力を得て、社会・援護局長や厚生労働副大臣と当事者の面談を実現するなど、様々な取り組みを続けています。全国の訴訟も一審の闘いが大詰めを迎えつつあり、この間の運動の成果をどのように形にしていくかが問われています。

写真1－1　25条大集会。全国から4000人を超える方が日比谷公園に集結(2015年10月18日)。

写真1－2　高木美智代厚生労働副大臣と当事者の方々の面談が実現(2018年3月29日)

注

1　厚生労働省曰く、生活保護基準「見直し」ですが、実態としては「引き下げ」であることから、本稿では「引き下げ」を使用します。

2　2014年4月に消費増税(5→8%)により、生活保護基準も2.9%の引き上げが行われました。2013年からの段階引き下げの中間年であり、引き上げと引き下げが相殺しあった結果、引き下げ額が実際より過少に見えます(実際の生活が苦しくなっていることは言うまでもありません)。このグラフでは消費税の引き上げ分を調整して作成しています。なお、今回の2018年度からの段階引き下げは、18~20年度各年度10月に実施されますが、同じく引き下げ中間年の2019年10月に消費増税(8→10%)が予定されています。

3　生活保護の引き下げが行われたのは、2004年度以降の老齢加算廃止、母子加算廃止からともいえます(母子加算はのちに民主党への政権交代をきっかけに復活)。

4　神戸新聞NEXT「『これ以上何を削れば』　来年度の生活保護費減額に悲鳴」2017年12月29日。
「生活保護基準引き下げに反対します(緊急ホットライン)実行委員会　要望書」2017年12月27日。

5　以下は、布川日佐史(2018)「生活保護基準部会報告書をどう読むか」『賃金と社会保障』1700号(2018年2月下旬号)：pp.11－18を参考にしています。

6　「生活保護 問われる"最低限度の生活"」(時論公論) NHK解説委員室 2018年2月1日 URL：http：//www.nhk.or.jp/kaisetsu－blog/100/289664.html（最終閲覧：2018年5月22日)。

7　社会保障審議会生活保護基準部会(2017)『社会保障審議会生活保護基準部会報告書』(2017年12月14日)。

8　児童手当と児童養育加算の連動を断ち切る点についての指摘として、貧困研究会第10回研究大会参加者一同による緊急声明「生活保護基準額の引下げは断じて認められません」(2017年12月10日)。

9　なお、国はこれによる生活保護予算の減額見込みについては公表していません。

10　「厚労省　低所得者向け47事業　生活保護見直しで影響」毎日新聞 2018年1月19日。

11　国連人権高等弁務官事務所(OHCHR)　各国ページ。
日本：http：//www.ohchr.org/EN/countries/AsiaRegion/Pages/JPIndex.aspx

12　大阪高裁平成25年12月13日判決，福岡地裁 平成26年2月28日判決，福岡地裁平成26年3月11日判決，東京地裁平成29年2月1日判決等。

13　2018年5月2日付「いわゆる生活保護法63条返還債権について非免責債権化し保護費からの天引き徴収を可能とする生活保護法改正案に反対する意見書」。

14　詳細は、生活保護問題対策全国会議編(2013)『間違いだらけの生活保護「改革」――Q＆Aでわかる基準引き下げと法「改正」の問題点』明石書店。

15　同上p.34。

16　2016年6月18日北海道新聞朝刊記事「生活保護引下げ根拠　社保審の数値　厚労省半分に抑制」。

17　引き下げ後の平成25年10月4日の第14回基準部会では、委員から「政府のほうで平成20年以降の物価の動向を勘案して、基準部会とは別に、基準を実際に動かしたということなのですけども」(山田委員)、「私たち部会報告ではない部分で、しかもある一定のまとまった分を、今、生活保護を受けている人にツケを回した感じになっている」(岩田部会長代理)などの指摘がありました。

18　池田和彦(2013)「デフレを理由に生活保護基準を引き下げてよいのか」『間違いだらけの生活保護「改革」』明石書店：p.63等。

19　詳しくは、白井康彦(2014)『生活保護削減のための物価偽装を糾す！　ここまでするのか！　厚労省』あけび書房。

20　第34回生活保護基準部会資料4。

第2章
私たちの生活保護法・実施要領改正提案

本章では、生活保護法と保護の実施要領（諸通知）の改正案を示しています。

法律名を恩恵的な響きの「生活保護法」から権利性の明確な「生活保障法」に改正することをはじめ、生活に困ったら誰でも利用でき、すべての市民に健康で文化的な生活を保障するという本来の役割を果たせるようにするための具体的な提案をします。本章で示した改正案は、先進諸国の法制度を参考にしており、日本の制度を先進国並みにするためのものでもあります。しかし、何か特別なことを提案しているわけではなく、すでに裁判で認められていることや、生活保護法や実施要領の解釈上も十分に根拠があり、「ヤル気」になればすぐにでも実現できるものばかりです。

現在の生活保護と私たちの改正提案の概要

	現在の生活保護	改正案
	Ⅰ　生活保護法改正案	
1 法律の名称	法律名は「生活保護法」。制度対象者は、「被保護者」「要保護者」。	法律名を「生活保障法」に変えて、制度対象者は「利用者」「要保障者」と呼びます。
2 捕捉率の調査・向上義務	国が捕捉率の調査をし、その向上に努めることを定めた法律はありません。	国・地方公共団体が、定期的に捕捉率の調査・公表をし、数値目標を定めてその改善に努めることを法律に明記します。
3 広報義務・教示義務	国・地方公共団体が、制度を広報することや、利用に関して教示・援助することを定めた法律はありません。	国・地方公共団体の「啓発・広報義務」と、保護の実施機関（職員）の「教示・援助義務」を法律に明記します。

	現在の生活保護	改正案
4 扶養義務	民法に定める扶養義務者すべてが対象(夫婦、子、兄弟姉妹、直系血族(祖父母、孫)、特別な3親等以内の親族)	扶養義務の範囲を「夫婦間と未成熟の子に対する親」のみに限定します。
5 保護基準の決定方法	厚生労働大臣の裁量で定めています(学識経験者等による専門機関の法的位置づけはありません)。	①　国が設置する専門機関の意見を尊重して ②　国民の代表機関である国会で定めます。 ①②の審議過程の透明性を確保し、当事者及び支援者の意見を反映させる機会を設けます。
6 職員の専門性と人員体制	ケースワーカーは「社会福祉主事」任用資格(専門性が確保されていないケースも多い)。配置数は、都市部80世帯に1人、地方65世帯に1人を「標準数」(目安)としています。	「社会福祉士」等資格取得を進め、ケースワーカーの専門性を高めます。配置数の定めを「標準数」→「法定数」に変え、都市部60世帯に1人、地方40世帯に1人とします。
7 一歩手前の困窮層の支援	生活保護基準を超える世帯は、制度の一部利用はできません。	一部の扶助(住宅、医療、教育、生業など)について、生活保護基準の1.3倍以下の低所得世帯も対象とします。
	Ⅱ　実施要領改正案	
1 預貯金保有要件の緩和	【保護申請時】預貯金保有は原則認められていません。 【保護開始後】貯蓄は、保護の趣旨目的に反しないと認定された場合のみ容認され、年1回の資産申告書提出が求められます。	【保護申請時】預貯金は最低生活費の3倍程度まで認めます。 【保護開始後】預貯金は、保有目的を確認のうえ、原則として保有を認めます。年1回の資産申告書の提出は廃止します。
2 自動車の保有 (処分価値が低い場合)	生活用品としての自動車保有は原則認めていません(例外として、障害者の通院・通勤、公共交通機関の利用困難地域など)。	処分価値の低い自動車の保有および利用を認めます。
3 稼働能力活用要件	生活保護の開始にあたって「稼働能力」が要件とされています。また、稼働能力活用が不十分とみなされると、保護の停廃止などの不利益処分が課される場合があります。	「稼働能力」があっても現に仕事がない場合には生活保護を利用(継続)できることを明記します。
4 大学進学による世帯分離の廃止	生活保護世帯の子どもが、大学等(短大・専修学校含む)に進学する場合、子どもの生活保護の適用が除外されます。	生活保護を利用しながら大学等に就学できるようにします。 また、就学中の学生のアルバイト等の収入のうち、就学のために必要な費用については、収入認定しません。

Ⅰ　生活保護法改正提案

1　法律の名称

(1) 改正案と現行法

次のとおり、法律の名称をより権利性の強いものに変え、これに合わせて、法律の用語も改めます[1]。

表2－1　現行法と改正案の名称と用語

	現行		改正
名称	生活保護法	➡	生活保障法
用語	被保護者	➡	利用者
	要保護者	➡	要保障者
	保護	➡	生活保障給付
	保護金品	➡	給付金品
	扶助	➡	給付
	生業扶助	➡	自立支援給付

(2) 改正理由

現行の「生活保護法」という名称は、国が生活保護を利用する人の上に立って「保護」してあげる、という恩恵的な印象を帯びています。

しかし、憲法25条は、すべての国民に「健康で文化的な最低限度の生活を営む権利」（生存権）を保障しています。この生存権保障を具体化したものが生活保護法ですから、法律の名称も権利性が明確なものにする必要があります。

以下に見るとおり（詳細は第4章参照）、諸外国では、価値中立的に制度の内容を表記するか、権利性が明確な名称となっています。

表2－2　諸外国の法の名称

イギリス	求職者手当、雇用支援給付、所得補助、ユニバーサルクレジット等
ドイツ	求職者基礎保障法(失業手当Ⅱ、社会手当)、社会扶助
フランス	積極的連帯所得、成人障害者手当、老齢ミニマム等
スウェーデン	社会サービス法に基づく経済的援助
韓国	国民生活基礎保障法

ドイツでも、かつては恩恵的な響きのある「保護」という用語が使用されていましたが、1961年に「社会扶助」、2005年に「基礎保障」と発展してきました。また、韓国でも、日本と同じ「生活保護法」という名称だったものが、1998年の経済危機で大量に発生した失業者を救済するため、1999年に「国民基礎生活保障法」へと抜本的な法改正がなされ、2000年から施行されています。

実は、日本でも、現行生活保護法制定時におけるGHQ折衝での厚生省案の英文は「Daily Life Security Law」で、直訳すれば「生活保障法」となるはずでした。しかし、それでは権利が強調され過ぎるというので和文では「生活保護法」と使い分けられたといいます[2]。

ですから、出自に戻って「生活保障法」という権利性が明確な名称にすることに何の問題もないはずです。また、これに合わせて、「被保護者」、「要保護者」、「保護」、「扶助」、「生業扶助」などの法律用語も、「利用者」、「要保障者」、「生活保障給付」、「給付」、「自立支援給付」などに改める必要があります。日弁連の生活保護法改正要綱案(2008年11月8日)も、「健康で文化的な最低限度の生活の保障に関する法律(略称・生活保障法)」とすることなど同様の提案をしています。

なお、日本人も外国人も命の重さは同じですから、現行法が権利の主体を「国民」に限定している点も、外国人を含む「すべての者」に改められるべきです。

2　捕捉率の調査・向上義務

（1）改正案と現行法

①改正案

> 以下のように国などが定期的に捕捉率の調査をし、その向上に努めるべきことを定めた規定を新設します。
> 「国及び地方公共団体は、生活保障給付の利用要件を満たす者が漏れなく利用することができるよう、定期的に生活保障給付の捕捉率（生活保障給付の利用要件を満たす者のうち現実に利用している者が占める割合）を調査のうえ公表し、捕捉率の向上に努めなければならない。」

②現行法

国が捕捉率の調査をし、その向上に努めるべきことを定めた法律などはありません。

（2）改正理由

①低すぎる日本の「捕捉率」

日本では、生活保護の利用要件を満たすけれども利用せず、生活保護基準以下の貧しい生活をおくっている人がたくさんいます。言い換えると、日本では、生活保護の利用要件を満たす人のうち現実に利用している人が占める割合（これを「生活保護の捕捉率」といいます[3]）が非常に低いということです。

日本の捕捉率は、厚生労働省の推計でも、所得だけで判定すると2割あまり、資産を考慮しても4割あまりでした[4]。

先進諸外国と比較しても日本の生活保護の捕捉率の低さは際だっています。日本は貧困率は高いのに、保護率は低く、したがって捕捉率が低くなっており、生活保護がその機能を発揮しているとは到底いえない状況にあります。

表2－3　各国の貧困率・保護率・捕捉率

国	①相対的貧困率	②保護率(利用率)	捕捉率(②/①)
ドイツ	9.5%	9.5%	100%
フランス	8.0%	11%	139.4%
スウェーデン	9.2%	4.2%	47.8%
イギリス	10.9%	0.67%~6.74%	61.8%（住宅手当）
アメリカ	16.8%	TANF：1.0% SNAP：12.9% SSI：2.5%	76.7%（SNAP） （制度対象別では、TANF：32.4%、SNAP：87.2%、SSI：64.1%）
韓　国	13.8%	3.2%	23.2%
日　本	15.6%	1.68%	10.8%（生活保護基準比は22.9%）

注：イギリス、アメリカの捕捉率は最高値の制度。

②低い捕捉率は憲法違反

現在の日本の生活保護利用者数は約200万人ですから、生活保護の捕捉率(収入比較)を約2割と考えると800万人あまりの人々が、捕捉率(収入＋一部資産を考慮)を4割と考えても300万人が生活保護基準以下での生活を余儀なくされているということになります。日本国憲法25条1項が、「すべて国民は、健康で文化的な最低限度の生活を営む権利を有する」として、すべての国民に生存権を保障しているにもかかわらず、300万人から800万人もの人が生存権を侵害された憲法違反の状態に置かれているというのは許されないことです。

いわゆる永井訴訟の京都地裁平成3年2月5日判決[5]は、「憲法25条が宣明する福祉国家の理念や、これに立脚した立法者の意思は、保護対象者に求められた給付が、飾り物に終わらず実際にもすべてに給付されることを期待しており、受給資格者が洩れなく給付を受けることこそが、基本的に公益にかなう」と判示しています。この判決が指摘するとおり、憲法や生活保護法は、受給資格者が洩れなく給付を受けられるようにすることを求めているのですから、国や地方公共団体には、捕捉率を100%に近づけるべき義務があります。

そのためには、まずは、国や地方公共団体が、定期的に全国と各地方ごとの捕捉率の調査をして公表し、期限を区切った数値目標を定めて、その改善に努めるべきことを法律に明記する必要があります。

③捕捉率調査に対する国の姿勢

これに対し、日本では、長らく捕捉率の調査公表をしてきませんでしたが、民主党政権になった2010年4月、厚生労働省は、「生活保護基準未満の低所得世帯数の推計について」を初めて発表しました[6]。低所得世帯の実状に近いとされる「国民基礎生活調査」に基づく推計では、所得のみの判定で15.3%、資産も考慮した判定でも32.1%でした。その後、しばらく公表がありませんでしたが、厚生労働省は、2018年5月に7年ぶりの推計結果を公表しました(表2－4)。所得のみの判定で22.9%、資産を考慮した場合43.7%でした。今回の国の推計でも、やはり捕捉率は2割あまり(収入比較)から4割あまり(収入と一部資産を考慮して比較)で、6~8割の受給漏れがあることが明らかになったのです。

最近の研究者の調査としては山形大学の戸室健作准教授の調査があります[7]。所得のみで判定した2012年の捕捉率は全国平均で15.5%、都道府県別で高いのは大阪23.6%、北海道21.6%、福岡20.0%、東京19.7%の順。低いのは富山6.5%、長野6.6%、山梨7.1%、岐阜7.9%の順でかなりの地域差があります。富山(0.27%)と岐阜(0.34%)は全国1,2位の保護率の低さですが、その背景には、こうした捕捉率の低さがあると考えられ、地域別の捕捉率が調査・公表されることが必要です。

表2－4　低所得者割合及び生活保護基準以下の低所得世帯数に対する被保護世帯数の割合（被保護世帯割合）の年次推移

		全国消費実態調査(生活扶助＋教育扶助等)			全国消費実態調査(生活扶助＋住宅扶助＋教育扶助等)			国民生活基礎調査(生活扶助＋教育扶助等)			
		平成16年	平成21年	平成26年	平成16年	平成21年	平成26年	平成19年	平成22年	平成25年	平成28年
低所得世帯割合	所得のみ	4.9%	5.3%	5.7%	6.7%	7.5%	7.7%	12.4%	11.5%	12.7%	10.9%
	資産を考慮	0.3%	0.4%	0.5%(1.3%)	0.7%	0.8%	1.0%(2.3%)	4.8%	3.9%	5.1%	4.2%
低所得世帯数に対する被保護世帯数の割合(被保護世帯割合)	所得のみ	29.6%	31.5%	35.0%	23.8%	24.5%	28.3%	15.3%	19.6%	19.7%	22.9%
	資産を考慮	87.4%	87.2%	87.0%(70.8%)	75.8%	74.8%(56.7%)	75.5%	32.1%	41.8%	38.1%	43.7%

注1：資産には、保有する住宅・土地等の不動産や、自動車、貴金属等の資産の評価は含まれない。また、親族からの扶養や、稼働能力の有無などが不明であるため、上記低所得世帯が保護の受給要件を満たしているか否かは判断できない。さらに、仮に保護の要件を満たしていても、生活保護は申請に基づいた制度であることから、被保護世帯割合が、申請の意思がありながら生活保護の受給から漏れている要保護世帯の割合を示すものではない。

注2：カッコ内の数値は、貯蓄無しの世帯を算定の対象に含めた場合である。これは、資産を考慮するにあたり、貯蓄額が不詳である世帯を除外して推計を行っているが、全国消費実態調査においては、平成26年は新たに「貯蓄なし」の世帯を明示的に捉えている一方、平成21年以前は「貯蓄なし」を把握しておらず、貯蓄額ゼロは概念上貯蓄額不詳に含まれていることから、貯蓄額がゼロである世帯の取扱いについて、平成21年以前と同様の場合と貯蓄額がゼロである世帯も算定対象として含める場合の2通りの試算を行ったものである。

注3：教育扶助等には、平成17年以降は高等学校等就学費が含まれている。

注4：平成28年国民生活基礎調査における値を算出する際に用いた被保護世帯数については、一定の仮定を置いた推計値である。

出所：厚生労働省、2018年5月(精査中)

3　広報義務・教示義務

(1) 改正案と現行法

①改正案

法律に以下のような国・地方公共団体の啓発・広報義務と保護の実施機関(職員)の助言・教示義務を明記します[8]。

(啓発・広報義務)

「国及び地方公共団体は、生活保障給付の利用者に対する偏見及び差別を解消し、生活保障給付の利用を促進するために、教育、啓発及び広報に努めなければならない。」

(教示・援助義務)

「生活保障給付の実施機関は、何人においても相談を受けたときは、当該相談者が必要とする生活保障給付の内容及び申請手続きを教示し、必要な援助を行わなければならない。」

②現行法

現行法に国や地方公共団体の広報義務や実施機関(福祉事務所)の一般的な教示・援助義務を定めた規定はなく、次のような規定があるにとどまります。

生活保護法施行規則1条2項(2014年7月1日施行)

「保護の実施機関は、法第24条第1項の規定による保護の開始の申請について、申請者が申請する意思を表明しているときは、当該申請が速やかに行われるよう必要な援助を行わなければならない。」

生活保護法81条の3（2018年10月1日施行）

「保護の実施機関は、第26条の規定により保護の廃止を行うに際しては、当該保護を廃止される者が生活困窮者自立支援法第3条第1項に規定する生活困窮者に該当する場合には、当該者に対して、同法に基づく事業又は給付金についての情報の提供、助言その他適切な措置を講ずるよう努めるものとする。」

(2) 改正理由

①低い捕捉率の原因

2 (2)で述べたとおり、日本の生活保護の捕捉率が異常に低い背景には、次のような要因があります。

第一は、国民・市民の知識不足です。日本では生活保護に関する正しい知識が普及していないので、本当は生活保護を利用する要件を満たしているのに生活保護の利用に思い至っていない人が多いのです。例えば、年金や給料があっても最低生活費より少なければ足りない部分について生活保護を利用できますし、持ち家があっても原則として住んだまま生活保護を利用できますが、こうしたことを知らない人も少なくありません。

第二は、生活保護制度に対する強い偏見やスティグマ(恥の意識)です。もともと日本では生活保護に対する偏見が強かったのですが、2012年春に人気お笑いタレントの母親の生活保護利用をきっかけとして「生活保護バッシング」報道が吹き荒れました。こともあろうに国会議員などの国のリーダーがこうしたバッシングを煽ってきたため、「生活保護を利用することは恥だ」という意識がより一層強められてしまいました[9]。

第三は、役所の窓口での「水際作戦」です。生活保護の利用に思い至り、勇気をもって福祉事務所の窓口に行ったとしても、窓口職員が正しい説明や助言をせず、場合によっては嘘の説明をして生活保護の申請をあきらめさせるのです。

②制度を「絵に描いた餅」にしないために——諸外国に学ぶ

「申請」によって初めて給付が受けられ(「申請主義」といいます)、それ以前から利用資格があっても申請時からしか給付が受けられない(「非遡及主義」といいます)社会保障制度は、生活保護以外にも児童扶養手当や特別児童扶養手当などたくさんあります。

このような制度や申請権があることを知らなければ、利用資格があっても給付を受けられず、制度は「絵に描いた餅」になってしまいます。したがって、こうした制度をつくった以上、制度や申請権があることを周知徹底することは国の義務であると言えます。

ドイツでは、社会法典の総則規定である第1編に啓発義務(13条)、助言・相談を受ける権利(14条)、情報提供義務(15条)だけでなく、管轄外の役所に申請がされた場合の管轄給付主体への移送義務(16条)まで詳しく定められています(表2－5)。

表2－5　ドイツ・社会法典第1編（抄）[10]

13条　給付主体(略)は、住民に対して本法典による権利義務に関して広報する義務を負う。
14条　すべての人は、本法典による権利義務に関して助言を求める権利を有する。
15条①　行政機関(略)は、本法典によるすべての社会保障に関する事項に関して情報提供する義務を負う。
②　情報提供義務は、社会保障給付を担当する給付主体を教えること、および情報提供を求める者にとって重要でありうると思われる事実問題および法律問題(略)に及ぶ。
③　情報提供機関は、一つの情報提供機関を通してできる限り包括的教示を保障するという目的に向けて、情報提供機関相互に、また他の給付機関と共同する義務を負う。

16条①　社会給付への申請は、管轄する給付主体に対してこれを行わなければならない。申請は、その他の全給付主体及び全市町村によっても(略)受理される。
②　申請が、管轄外の給付主体、社会給付を管轄しない市町村(略)に対して行われた場合は、これを遅滞なく管轄給付主体に移送しなければならない。社会給付が申請を要するものである場合は、第1文に掲げた機関に到達した時点をもって、申請がなされたものとみなす。

スウェーデンでは、社会サービス法で、コミューン(自治体)の社会福祉当局(社会委員会等)の一般的義務として、社会サービスに関する広報義務と情報提供義務が定められ(SoL3章1条、4条)、当事者には、案件に関連する情報提供を受ける権利とこれに対応する社会委員会の義務が定められています(SoL11章8条、FL16、17条。表2－6)。

表2－6　スウェーデン・社会サービス法[11]

第3章
第1条　社会委員会の業務には、以下のものが含まれる。
－コミューン住民の生活状況について十分に把握すること。
－各種の社会計画の策定に参加し、他の公共機関、組織、団体および個人と協力してコミューンの社会環境の改善を促進すること。
－コミューンの社会サービスに関する情報提供を行うこと。
－発見活動その他の方法を通じて、良好な生活状況のための前提条件を促進すること。
－介護およびサービス、情報提供、相談助言、支援およびケア、経済的援助その他の援助を、それらを必要とする家族および個人に提供すること。

第4条　社会委員会は、発見活動を通じて社会サービスに関する周知を行うとともに、個人および特定のグループに対して援助を提供しなければならない。また社会委員会は、適切とされる場合、他の公共機関、組織および団体と協力しなければならない。

＊参考：スウェーデン行政法(1986：223)[12]

(公的機関のサービス義務)
第4条　すべての公的機関は、私人(enskilda)に対しその公的機関の活動領域に関する問題について、情報、案内、助言およびその他同様の援助を与えなければならない。この援助は、問題の性質、私人の援助の必要および公的機関の活動にかんがみ適切な範囲で与えなければならない。
私人からの質問にはできる限り速やかに応答しなければならない。

また、韓国でも、2014年12月に「社会保障給付の利用・提供及び受給権者の発掘に関する法律」が制定され、社会保障給付の内容、要件と手続等について、保障機関の情報提供、広報義務が定められました(表2－7)。

表2－7　韓国・国民基礎生活保障法

10条　保障機関の長は支援対象者を発掘するために、次の各号の事項に関する資料または情報の提供と広報に努めなければならない。 1　社会保障給付の内容および提供規模 2　受給者になるための要件と手続 3　その他社会保障給与受給のために必要な情報

以下、本書では、最も偏見や誤解が強く、広報、情報提供の必要性が高い生活保護制度における改正案を提案しています。しかし、本来は、日本でも、上記の諸外国と同様に、「社会保障基本法」などの形で、社会保障制度全般についての広報、情報提供義務が規定されることが求められています。

③啓発・広報義務

生活保護の捕捉率を高めるためには、生活保護制度に対する誤解や偏見を解消し、正しい知識、情報を普及することが必要です。そのためには、国・地方公共団体が、中学や高校などの学校教育の中でもきちんと教育したうえで、市民に向けた啓発・広報を行う必要があります。

隣国・韓国では、前述した2014年12月の新法制定後、単給化や扶養基準の緩和と併せて、政府が「『死角地帯』(＝受給漏れ層)の縮小」を政策目標に掲げ、イラスト入りパンフレット(写真2－1)、地下鉄の車内広告(写真2－2)、制度の内容を説明するマンガ(写真2－3)、動画コマーシャル(写真2－4)などのあらゆる手段を通じて積極的に広報に取り組んでいます。その結果、国民基礎生活保障の受給率は、2014年の2.6％から2016年の3.2％に大きく増えており(図2－1)、こうした取り組みには大いに学ばなければなりません。

日本政府も「本人からの申請を待つばかりではなく、住民に対する制度の周知や民生委員等々と連携して、生活に困窮している者の発見等を努める」、「生活保護を受給することへの偏見をなくし、保護を必要とする方は、確実に保護を適用という方針のもと、適正な運用に取り組んでいく」と答弁しています[13]。言葉だけでなく、現実に制度の周知を徹底するため、こうした考え方を法律に明記すべきです。

写真２－１　基礎生活保障制度の要件緩和を知らせる政府広報

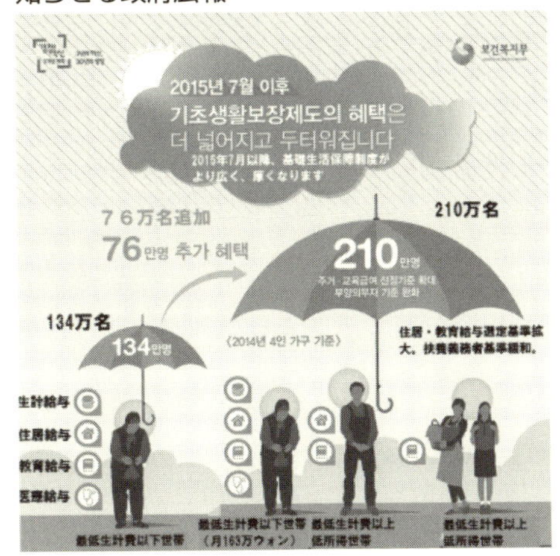

写真２－３　単給化された住宅扶助の広報マンガ

「住宅扶助ですか？」

「最近高騰している住宅価格と負担の重い賃貸料のために困難を訴える世帯が多くあります。7月から施行される住宅扶助が皆さんを支援します」

写真２－２　ソウル市の地下鉄広告「生活保護、死角地帯を探します!」

写真２－４　単給化された住宅扶助の動画コマーシャル「住宅扶助　今、申請してください」

和訳：五石敬路

図２－１　韓国の基礎生活保障　受給者現況

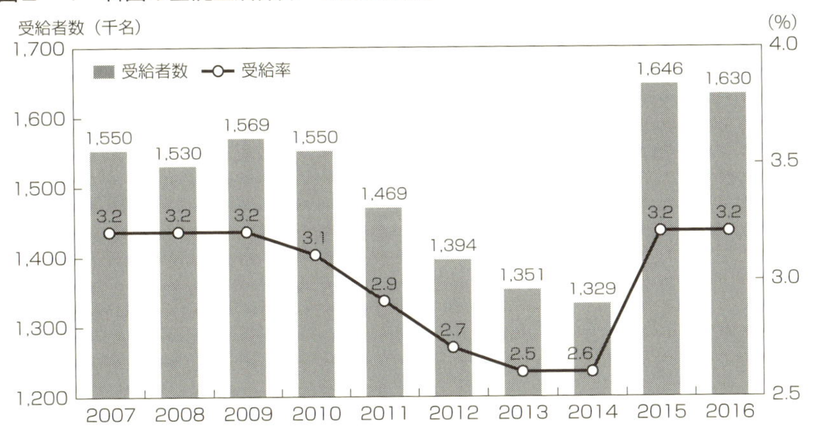

出所：保健福祉部(内部行政資料)。韓国政府ホームページ(http://www.index.go.kr/main.do)

④教示・援助義務

役所の窓口での違法な「水際作戦」によって、本来、受けられたはずの生活保護を受けられなかったケースで、裁判所が役所の責任を認め損害賠償の支払いを命じる判決が次々と言い渡されています[14]。生活保護施行規則1条に実施機関の援助義務が規定されたのも、こうした裁判例の蓄積を踏まえてのことと考えられます。

裁判例を分析すると、窓口職員は、単に情報提供（説明・教示）するだけでなく、受け手が理解できるようにわかりやすく説明しなければなりません[15]。また、必要な範囲で相談者のプライバシーに踏み込んで的確な質問をするなどして相談者が置かれた状況を正確に把握する必要があります[16]。さらに、適切な情報提供と情報収集を繰り返し、相談者に受給資格がありそうだとなれば、申請をするよう促し、必要な助言や援助を行わなければなりません[17]。

こうした裁判例の到達点をふまえ、法律に実施機関の教示・援助義務を明記する必要があります。

4　扶養義務の限定

（1）改正案と現行法

①改正案

4条2項を次のとおり改正します。

> 「民法に定める扶養義務者の扶養のうち配偶者及び中学3年以下の子に対する親の扶養及び他の法律に定める扶助は、すべてこの法律による生活保障給付に優先して行われるものとする。」

②現行法（4条2項）

「民法に定める扶養義務者の扶養及び他の法律に定める扶助は、すべてこの法律による保護に優先して行われるものとする。」

（2）改正理由

①範囲が広すぎる日本の民法上の扶養義務

現行民法752条は、夫婦の協力扶助義務を定め、877条1項は、直系血族と兄弟姉妹を当然の扶養義務者（絶対的扶養義務者）としています。そして、夫婦相互と未成熟（中学3年以下[18]）の子に対する親は強い扶養義務（生活保持義務）を負うが、成人した親子や兄弟姉妹相互は弱い扶養義務（生活扶助義務）を負うという考え方が定着しています[19]。

しかし、国民意識として兄弟姉妹に扶養を求める意識はもともと希薄である上、家裁事件の実数をみても兄弟姉妹を要扶養者とする扶養事件はほとんどありません。老親扶養についても、昭和50年ころのピーク時と比べて扶養事件数は半減したままであり、兄弟姉妹や成人した親子同士が扶養義務を負うという、民法の規定そのものが形骸化しつつあります[20]。

諸外国の例をみても、スウェーデン、イギリス、アメリカの多くの州では、扶養義務を負うのは、夫婦相互間と独立前又は未成熟の子に対する親だけです。フランスとドイツは直系の親族間の扶養義務はありますが兄弟姉妹間の扶養義務の定めはありません[21]。

このように現行民法の扶養義務者の範囲は広すぎるため、学説も、少なくとも兄弟姉妹については絶対的扶養義務者からはずすべきであると一致して考えています[22]。

②現行生活保護法上の扶養義務の位置づけとあるべき運用

生活保護法4条1項は、資産や能力の活用が生活保護適用の「要件として行われる」と規定していますが、同条2項は、「扶養義務者による扶養」は「保護に優先して行われる」と規定しています。これは、扶養義務者による扶養が保護適用の前提要件ではなく、現実に扶養（仕送り等）がされた場合には収入認定して、その分の保護費を減らすという位置づけに過ぎないことを明らかにしたものです[23]。

そして、厚生労働省の通知類（実施要領）においても、扶養の期待可能性がない場合[24]には、扶養義務者に対する扶養照会（仕送りできないかの問合せ）をする必要はないとされています。扶養の期待可能性がある場合でも、生活保持義務関係（夫婦と未成熟の子に対する親）以外の場合には、1回だけ文書照会をして回答がなければ扶養可能性がないものと取り扱ってよいと考えられています[25]。

③実際の運用――違法な水際作戦の常套手段

ところが、現実には、生活保護の窓口で、「成人した親や子、兄弟姉妹に扶養してもらいなさい」と追い返される例が後を絶ちません。2005年、2006年には、北九州市で兄弟姉妹や子どもから扶養を口実に追い返された被害者が孤独死・餓死するという事件が連続して起きました。抽象的な民法上の扶養義務があることが違法な水際作戦の常套手段とされ、それが時として深刻な悲劇を生んでいるのです。

また、②で述べたとおり、扶養義務者に対する扶養調査(文書照会)をすべき場合は限定されているのに、直系血族(親、子、孫など)や兄弟姉妹に幅広く文書照会をかける福祉事務所も少なくありません。DVとギャンブルが原因で母と離婚し、35年間音信不通だった父親の扶養照会が、娘だけでなく、離婚時には生まれてもいなかった孫にまでされた例さえあります[26]。貧困家庭で育ち、努力して収入のよい仕事に就けても、生活保護を利用する親の扶養を求められ、結局貧困の連鎖から抜けられない不安に悩む人も少なくありません[27]。

そして、そのようなことから、逆に、長年会っていない子どもや兄弟に扶養照会がされることが嫌で、生活保護の利用を拒否する人もとても多いのです。

④諸外国における生活保護と扶養義務の関係

②で述べたとおり、諸外国に比べて日本は、そもそも民法上の扶養義務の範囲が広すぎ、兄弟姉妹間に扶養義務を課しているのは日本だけです。多くの国は、民法上の扶養義務の範囲が、夫婦間と未成熟子に対する父母に限られています。ドイツ、フランス、韓国のように、民法上、直系血族間又は義父母等への扶養義務を課している国でも、生活保護(公的扶助)の適用場面では、以下のように扶養義務の範囲をさらに限定しています。

また、韓国の文在寅(ムン・ジェイン)政権は、実施年月を明示したうえで、扶養義務基準を段階的に廃止し、特に高齢者、重度障害者等については扶養義務を全廃することを公約に掲げています。

表2－8　諸外国における扶養義務

国	扶養義務者の範囲
ドイツ	1．夫婦間 2．未婚の未成年（18歳未満）の子に対する父母 3．直系血族間（但し、12編に基づく高齢者重度障害者基礎保障における扶養請求権の代位行使は、近隣に住む一親等内（つまり、親か子）で10万ユーロ（1220万円）以上の収入ある場合に限る）
フランス（RSA）	1．夫婦間（パックス[28]を含む） 2．未成年（18歳未満）の子に対する父母 （但し、家族法上は、直系尊属（父母・祖父母等）や婿・嫁と義父母間も扶養義務がある）
スウェーデン	1．夫婦間 2．未成年（18歳未満）又は就学中は21歳未満の子に対する父母
イギリス	1．夫婦間 2．未成熟子に対する父母
アメリカ （州によって異なるが概ね）	1．夫婦間 2．未成年（概ね18歳未満）の子に対する父母
韓国	1．夫婦間 2．1親等の直系血族・1親等の直系血族の配偶者（未成年の子に対する父母を含む） （但し、扶養義務者基準未適用対象の場合（＝扶養能力がないと判断される場合）は保護実施）
日本	1．夫婦間 2．未成熟子（中学3年以下）に対する父母 3．兄弟姉妹 4．直系血族 5．家裁が特別事情ありと認めた3親等内の親族 （但し、実施要領上は、「扶養の期待可能性がある場合」に限られている）

⑤扶養を求める範囲を夫婦と未成熟の子に対する親に限定

③で述べたような問題が起きないようにするためには、大もとの民法を改正することも考えられます。しかし、それがすぐには無理なら、実務上の問題が主として生じている生活保護法を改正して、生活保護の適用場面における扶養義務者の範囲を夫婦と未成熟（中学3年以下）の子に対する親に限定する必要があります。これは、実施要領の改正でも対応できますが、法律を改正して考え方を明確にするほうが望ましいでしょう。

5　生活保護基準の決定方法

(1) 改正案と現行法

①改正案

次のように定めて、生活保護基準は、1.専門機関の調査審議に基づく専門的知見をふまえて、2.国民の代表機関である国会が決めること、3.当事者の意見を反映させることを明らかにします[29]。

8条1項　生活保障給付は、国が設置する専門機関の調査審議を求め、その意見を尊重して国会が定める別表1の「生活保障給付の基準」に基づき、要保障者の金銭又は物品で満たすことのできない不足分を補う程度において行うものとする。

2項　前項の専門機関及び国会の審議の過程においては、統計等の客観的数値等との合理的関連性の有無の再検証を可能とし、かつ、生活保障給付利用者及びこれを支援する関係者の意見を反映させるために必要な措置を講じなければならない。

②現行法

次のとおり、1.専門機関の位置づけの規定はなく、2.厚生労働大臣が定めるとされ、3.当事者の意見を反映させる仕組みもありません。

8条1項　保護は、厚生労働大臣の定める基準により測定した要保護者の需要を基とし、そのうち、その者の金銭又は物品で満たすことのできない不足分を補う程度において行うものとする。

(2) 改正理由

①現行法の規定と国の姿勢

現行法上、生活保護基準は厚生労働大臣が定め、その大臣の判断には幅(裁量)があるとされています。また、学識経験者等による専門機関の意見をどのように扱うべきかの規定がありません。

第1章で述べたとおり、厚生労働省は、2013年、社会保障審議会の生活保護基準部会が専門家による検証をふまえて出した意見とは全く異なる理屈で史上最大の生活保護基準の引き下げを行うことを決めました。裁判で国は、専門家の意見を反映させるかどうか、反映させるとしてどのように反映させるかは、すべて厚生労働大臣の裁量(自由)だと主張しています。また、原告側が、計算過程のデータを明らかにするよう求めても廃棄したので明らかにできないと開き直っています。

②立法当時の議論と裁判所の姿勢

しかし、今の法律ができたときから、「保護の基準は飽くまで合理的な資料によって算定さるべく、その決定に当り政治的色彩の混入することは厳に避けられるべきこと」とされていました[30]。老齢加算訴訟における平成24年4月2日の最高裁判決も、「判断の過程及び手続」において、「統計等の客観的な数値等との合理的関連性や専門的知見との整合性」があるかどうかが問われるべきことを明らかにしています。

ドイツの連邦憲法裁判所は、2010年2月9日、基準給付額の算定手続に憲法違反があるとの判決を言い渡しましたが、そこでは、保護基準が「首尾一貫して透明で対象に即した手続の中で」算定されなければならないこと、「選択された手続とその構造原理の中で追跡理解可能な」計算を伴って算定されなければならないことが指摘されています[31]。このように首尾一貫した考え方(算定方式)の範囲内で追跡理解可能な透明性のある計算に基づかなければならないというドイツの判決の考え方は、先に述べた日本の最高裁判決の考え方と整合的で、それをより具体化したものと見ることができます。

また、今の法律をつくった当時の厚生省保護課長は、「保護の基準の全部を法律の別表に掲げる方法」について、「事務的には最も成り立ちやすい方法であるが、この方法によるときは時宜に適った基準の引き上げが行われ難くなるおそれがある」としつつ、「保護の基準を法文上明確に規定することができないとすれば、その決定に対し国民の声を反映させるために特別の審議会を設けよという意見が極めて強力に衆参両院から述べられた。……この意見には計上に値するものがあったが、厚生省当局側としては、……社会事業審議会に部会を設け実際の運用に当たりその趣旨を生かすことを言明して了解を得た次第であるが、問題は残っているようである」としています[32]。

このように現行法の立法担当者が、保護基準を法律の別表に掲げる方法が「事務的には最も成り立ちやすい」としていたこと、特別の審議会を設けるという強い意見に対して実際の運用でその趣旨を生かすと明言して了解を得たにもかかわらず、今日、その約束とは真逆のこと(基準部会の意見の無視・軽視)が行われているのです。

③諸外国や他制度の状況

ア　専門家の審議会の位置づけ

韓国でも、生活保護(国民基礎生活保障)基準は、保健福祉部長官(但し、住宅扶助は国土交通部長官、教育扶助は教育部長官)が決めることとされています。しかし、次のとおり、専門家の審議・議決を経るべきことが法律で定められ、審議過程の相当分厚いデータが3年に1度公表されることで一定の透明性が担保されています。

> 6条2項　保健福祉部長官または所管中央行政機関の長は、毎年8月1日までに第20条第2項による中央生活保障委員会の審議・議決を経て、次年度の種類別受給者選定基準及び最低保障水準を公布しなければならない。

日本でも最低賃金の決定方法については、最低賃金法が次のように定めています。

> 最低賃金法10条　厚生労働大臣又は都道府県労働局長は、一定の地域ごとに、中央最低賃金審議会又は地方最低賃金審議会(略)の調査審議を求め、その意見を聴いて、地域別最低賃金の決定をしなければならない。
> 2　厚生労働大臣又は都道府県労働局長は、前項の規定による最低賃金審議会の意見の提出があつた場合において、その意見により難いと認めるときは、理由を付して、最低賃金審議会に再審議を求めなければならない。

イ　当事者の位置づけ

障害者運動の分野では、「私たち抜きに私たちのことを決めないで」というスローガンのもと、2009年からの障がい者制度改革推進本部に障害をもつ当事者が多数参加し、次のような規定をもつ障害者総合支援法の成立(2012年)、障害者差別解消法の成立(2013年)、障害者の権利に関する条約の批准(2014年)へとつながりました。

> 障害者総合支援法87条4
> 厚生労働大臣は、基本指針の案を作成し、又は基本指針を変更しようとするときは、あらかじめ、障害者等及びその家族その他の関係者の意見を反映させるために必要な措置を講ずるものとする。

> 障害者差別解消法６条４項
> 　内閣総理大臣は、基本方針の案を作成しようとするときは、あらかじめ、障害者その他の関係者の意見を反映させるために必要な措置を講ずるとともに、障害者政策委員会の意見を聴かなければならない。

> 障害者の権利に関する条約４条３項
> 　締約国は、この条約を実施するための法令及び政策の作成及び実施において、並びに障害者に関する問題についての他の意思決定過程において、障害者（障害のある児童を含む。（略））を代表する団体を通じ、障害者と緊密に協議し、及び障害者を積極的に関与させる。

ウ　基準の改定方式

ドイツでは、先に紹介した連邦憲法裁判所の2010年2月9日付違憲判決を受けて、2011年、「基準需要算出法」が新たに制定されました。そこでは、公的扶助（生活保護）給付を受ける者がいる世帯を「参照世帯」として考慮してはならないこと（3条）や、単身世帯は下位15%、家族世帯は下位20%の世帯を「参照世帯」として考慮すること（4条）などが定められています[33]。しかし、第1章で述べたとおり、日本では、ドイツよりもかなり捕捉率が低く、生活保護基準以下の生活をしている低所得層がたくさんいます。にもかかわらず、生活保護世帯のデータを比較対象から除外せず（2013年の引き下げ）、下位10%の第1十分位世帯を比較対象としてきたのです（2013年、2018年の引き下げ）。

また、フランスでは、生活保護基準設定のベースとされている法定最低賃金は、消費者物価指数に応じてスライドするものとされています。しかし、全国的な消費者物価指数ではなく、下位20%の低所得者の消費者物価指数を参照することとされています。これは、低所得世帯の家計の負担となる支出の重みをより一層斟酌し、消費品目ごとに異なるインフレ率を勘案するためです。例えば、2013年の修正の際、全体のインフレ率は1.4%でしたが、低所得世帯の家計に影響が大きい食料品は2.6%、家賃は1.7%の物価上昇だったので、これを勘案した法定最低賃金の引き上げがなされたということです[34]。しかし、第1章で述べたとおり、日本で2013年の基準引き下げの際に用いられた「生活扶助相当CPI」は、一般世帯の物価指数をさらに加工した低所得世帯の家計実態とかけ離れた数値でした。

このように諸外国の方式と対比すると、日本の方式が非常に恣意的で、「引き下げありき」であることが浮き彫りになってきます。

④改善の方向性

②で述べたとおり、専門機関における十分な調査・審議に基づいた意見をふまえ、客観的で合理的な資料や数値に基づいて保護基準が定められるべきことは、今の法律のもとでも当然に求められていることです。

しかし、専門家の意見を無視又は軽視して時の政権が恣意的に保護基準を引き下げることが横行している昨今の状況をふまえれば、専門機関のこうした位置づけを法律に明記する必要があります。そして、厚生労働省が密室で恣意的に保護基準を決めるようなことが起こらないよう、国会の議決事項として、国会審議の過程においても、専門機関における調査・審議の過程の資料をオープンにしたうえで、疑問点や問題点があれば、専門機関に再審議を求めるなどして、決定過程の透明性と結論の合理性客観性を確保する必要があります。

このように保護基準は、専門的知見をふまえて客観的合理的に決められなければなりませんが、制度の実情に一番詳しい生活保護を利用する当事者の声を無視したのでは合理的な判断とはなり得ません。専門機関、国会いずれの審議の過程においても、生活保護利用当事者を中心とするその関係者の意見が十分に反映されるよう、当事者を専門機関の委員に選任したり、国会で参考人質疑をするなどの手続保障もなされるべきです。

6　職員の専門性と人員体制

(1) 改正案と現行法

①改正案

ア　職員の資格について

社会福祉法19条を次のとおり改正し、ケースワーカーの福祉職としての専門性を確保します。

1項　社会福祉主事は、(略)年齢二十年以上の者であつて、<u>社会福祉に関する熱意と専門的知識があり</u>、かつ、次の各号のいずれかに該当するもののうちから任用しなければならない。

一　<u>社会福祉士</u>

二　<u>精神保健福祉士</u>

三　<u>専修学校、各種学校、大学又は大学院において、厚生労働大臣の指定する社会福祉に関する科目を修めて卒業した者</u>

四　都道府県知事の指定する養成機関又は講習会の課程を修了した者

2項　都道府県、市及び福祉に関する事務所を設置する町村は、福祉に関する事務所において指導監督を行う所員及び現業を行う所員に対し、社会福祉に関する専門的知識及び技術の向上に必要な研修を行い、前項1ないし3号の資格を取得するための援助を行わなければならない。

イ　人員体制について

社会福祉法16条を改正し、ケースワーカー配置の「法定数」（必ず守らなければならない）を都市部は生活保護世帯60世帯に1人、地方は同じく40世帯に1人とする。

ケースワーカーを指導する査察指導員の配置は、ケースワーカー5人に1人とし、ケースワーカー同様に社会福祉法16条に法定数として明記する。

②現行法

ア　職員の資格について

社会福祉法19条1項

社会福祉主事は、（略）年齢二十年以上の者であつて、人格が高潔で、思慮が円熟し、社会福祉の増進に熱意があり、かつ、次の各号のいずれかに該当するもののうちから任用しなければならない。

一　学校教育法（略）に基づく大学、旧大学令（略）に基づく大学、旧高等学校令（略）に基づく高等学校又は旧専門学校令（略）に基づく専門学校において、厚生労働大臣の指定する社会福祉に関する科目を修めて卒業した者

二　都道府県知事の指定する養成機関又は講習会の課程を修了した者

三　社会福祉士

四　厚生労働大臣の指定する社会福祉事業従事者試験に合格した者

五　前各号に掲げる者と同等以上の能力を有すると認められる者として厚生労働省令で定めるもの

イ　人員体制について

社会福祉法16条は、ケースワーカー（現業を行う所員）配置の「標準数」（目安）を都市部は生活保護世帯80世帯に1人、地方では同じく65世帯に1人と定めています。

査察指導員について法律上の規定はなく、1951年の社会福祉事業法（当時）の施行に関する通知によって、ケースワーカー7人に1人が標準数とされています。

（2）改正理由

①職員体制の状況

全国の生活保護ケースワーカーの職員体制の状況は以下のとおりです（平成28年10月1日時点「平成28年　福祉事務所人員体制調査について」）。

CW充足率	資格取得率			経験年数			
	社会福祉主事	社会福祉士	精神保健福祉士	1年未満	1年以上3年未満	3年以上5年未満	5年以上
90.4%	82.0%	13.5%	2.4%	23.6%	38.0%	20.7%	17.7%

②現状と問題点

ア　職員の資格について

社会福祉士の有資格者は13.5%（6人に1人程度）に過ぎず、精神保健福祉士に至ってはわずか2.4%です。それ以外の社会福祉主事は、大学や専門学校で「社会福祉に関する科目を修め卒業した者」といっても実際は、広い意味で社会福祉にかかわる科目を3つ以上修めていればよく、この科目には、法学、民法、行政法、経済学、経済政策、社会政策なども含まれています。ですから、福祉専門科目を全く履修していなくても、大学の法学部や経済学部を卒業していれば、ほとんどの人が社会福祉主事の任用資格を持つのです。福祉専門性がないことを揶揄するニュアンスを込めて「3科目主事」と呼ばれることもあります。

ところが、このハードルの低い社会福祉主事でさえ有資格者は82%で、全くの無資格者がケースワーカーの5分の1も占めているのです。

しかも、ケースワーカーの平均経験年数は3年未満が61.6%に及んでおり、ようやくある程度実務がわかりかけたところで他の部署に配置換えになる実態があります。

生活保護の窓口には障がい、傷病、依存症、ひとり親、犯罪歴など多様な困難を抱えた方が訪れます。ケースワーカーという仕事は、本来、そうした困難を共感的に理解し、寄り添い支援する高度の福祉専門性と熱意がなければ務まりません。にもかかわらず、福祉についての専門的な教育を受けたことがない職員がほとんどを占め、昨日まで水道局や戸籍課にいたような職員が3年単位で入れ替わっていくというのが今の日本の現状です。これでは福祉的支援などできるはずがなく、意図しない「水際作戦」やケースワーカーと当事者間のトラブルも起こりがちです。次に述べる人員不足とも相まって当事者対応の悩みでうつ病などのメンタルヘルス不全を起こす職員も多くいます。これはケースワーカーと当事者の双方にとって、とても不幸なことです。

専門職採用の推進は次に検討する人員の増加のように新たな予算措置も必要ないので、方向性さえ決めればある意味簡単にできるはずです。しかし、厚生労働省は、警察官OBについては予算措置までして採用推進を通達しながら、専門職採用についてはいっこうに推進しようとしません。意図しない「水際作戦」を温存するためではないかと疑いたくもなります。

イ　人員体制について

(1)②で述べたとおり、社会福祉法16条は、ケースワーカー（現業を行う所員）配置の「標準数」（目安）を都市部は生活保護世帯80世帯に1人、地方では同じく65世帯に1人と定めています。これらの配置基準は、かつては法律上の最低基準（法定数）で、ほぼ守られていたのですが、2000年度から実施された地方分権の際に単なる「目安」である「標準数」に変わったため配置基準を満たさない自治体が増えてきました。

2016年度のケースワーカーの充足率は90.4％で、ケースワーカー1人当りの担当世帯数の全国平均は89.4世帯となっています。これは配置基準が厳しい地方も含めた数字ですから、1人で120、130といった多数の世帯を担当しているケースワーカーも少なくありません。これでは、保護費の計算などの日常業務に追われて、本来求められている十分な寄り添い支援（ケースワーク）をするのは物理的に不可能です。日本のケースワーカーは「ケイサン（計算）ワーカー」だという自虐的な冗談がケースワーカーの中で語られるゆえんです。

稼働年齢層の一般世帯については就労指導を集中的に行うためにケースワーカー1人あたり70世帯とする一方、高齢ケースについては1人あたり380世帯とする大阪市のような自治体もあり[35]、標準数は目安としてすら機能しなくなっています。

③諸外国の状況

諸外国では、次の通り、福祉専門職を採用することとなっているところがほとんどです。

表2－9　諸外国の職員資格

国	ケースワーカーの資格
ドイツ	主として高等教育機関で福祉系の課程を修めた者。異動が基本的にないので継続性もある。
フランス	専門学校や大学において３年間の専門資格コースを修了した者。
スウェーデン	大学の社会福祉課程（実習期間も含み３年半のカリキュラム）の卒業資格を有する者（社会福祉士）。資格取得率は80%。
韓国	専門職（社会福祉職公務員）であり、社会福祉士の資格を持っている者のみ受験できる。

④改善の方向性

現行の社会福祉法は、社会福祉主事について、「人格が高潔で、思慮が円熟し、社会福祉の増進に熱意が」あるなどと規定しています。しかし、単に美辞麗句を掲げるのではなく、学生時代に履修すべき科目を真にケースワーク業務に役立つ7科目とか8科目にして、「3科目主事」と揶揄される事態を改める必要があります。大学や専門学校等で社会福祉を専門に学んだり、福祉関連領域での職歴があるなど社会福祉に関する専門的知識のある者から採用すること（福祉職採用）を原則とすべきです。

しかし、こうした福祉専門職採用を推進すれば万全かというとそうではありません。これは他の専門職、たとえば医師や看護師の1年目でも言えることですが、十分な研修と一定程度の実務経験が必要なのです。

生活保護の業務には、医療・介護・障害・年金など他の法律や制度に精通していることが求められています。また、面接技法や福祉的視点について身に付けていることも必要です。ところが、②アで指摘したとおり異動年限が短いうえに、研修体制が十分ではなく、先輩が実地で指導することが中心となっています。福祉のことがわかっていない人、実施要領に反した当該福祉事務所の「ローカルルール」にだけ詳しい人が、後輩を指導するため、誤った認識や知識が受け継がれることも少なくないのです。

そこで、任用後もさまざまな福祉・法律分野についての研修体制を充実させ実務に役立つ知識や技術を習得させるとともに、社会福祉士、精神保健福祉士等の福祉専門職の資格取得を援助・奨励する体制が保障されるべきです。また、異動年限をもう少し長くするとともに、仮に異動させるとしても、高齢、障がい、子育て・保育、保健所等の福祉部門の中で行うようにすべきです。これによって人事の固定化を十分避けることができますし、横断的な福祉に関する知識や経験を積むことができ、職員にとっても住民にとっても有益です。

なお、こうした人事運用は、法改正を経ずともできることなので、自治体からの取り組みが一歩ずつでも広がっていくことが期待されます（第3章2参照）。

7　一歩手前の困窮層の支援（一部扶助の単給化）

(1) 改正案と現行法

①改正案

> 住宅給付（現住宅扶助）・医療給付（現医療扶助）・自立支援給付（現生業扶助）・教育給付（現教育扶助）については、世帯収入が最低生活費の1.3倍以下の世帯に属する者に給付するものとします。

②現行法

世帯収入が最低生活費を超える場合、受けられる給付はありません[36]。

(2) 改正理由

①現状の問題点

今の制度では、世帯の収入がその世帯の最低生活費を上回ると生活保護の利用ができなくなります。そうすると、それまで負担しなくてよかった国民健康保険料やNHK受信料、医療費の自己負担金などの出費が一挙に増えることとなり、生活保護を利用していた時以上に生活が苦しくなることがあります。

逆から見ると、今の日本では、生活保護基準よりも少し上の収入水準の層の人たちの生活が生活保護利用者よりも厳しい、という逆転現象がみられるとも言えます。

また、2015年4月から施行されている生活困窮者自立支援法は、「現に経済的に困窮し、最低限度の生活を維持することができなくなるおそれのある者」を「生活困窮者」と定義し（2条1項）、「生活保護の手前」の生活困窮者を支援の対象としています。しかし、同法には経済的給付がほとんどありません。唯一経済的給付を伴う「住居確保給付金」（2条3項）は、厚生労働省令によって、「離職等から2年以内」などの厳しい要件があり、給付期間も原則3か月に限られています。そのため、年間支給実績も、住宅手当として制度が発足した直後（2010年度）の37,151件から5,095件（2016年度）へと大きく減少し、非常に使い勝手の悪い制度となっています。

そこで、生活保護基準よりも少し上の収入水準の人たちへの現金給付やサービス給付の制度を充実させていくことが必要です。

②韓国の「次上位階層」への対応に学ぶ

韓国でも日本と同様に、生活保護の少し上の収入水準の困窮層（韓国では「次上位階層」といいます）に対する支援の手薄さが問題となり、1999年に国民基礎生活保障法の改正が行われました。そこでは、「生計給与（日本でいう生活扶助）」の受給資格は「基準中位所得の30％以下」としつつ、「医療給与（日本でいう医療扶助）」は40％以下、「住居給与（日本でいう住宅扶助）は43％以下、「教育給与（日本でいう教育扶助）」は50％以下であれば受給資格が認められるようになりました。つまり、基準中位所得の30％以下であれば、生計給与、医療給与、住居給与、教育給与のすべてが受給できますが、例えば31％以上43％以下であっても、住居給与と教育給与だけを受給することができるのです。

日本でも、同様に生活保護基準の少し上の収入水準であっても、医療扶助や住宅扶助などの扶助を単独で利用できるようにすることが考えられます。

③さまざまに考えられるアプローチ

本書では、生活保護制度における各扶助（給付）の受給要件を個別に緩和して利用しやすくする「単給化」の方向での改革を提案しました。

しかし、日本では、生活保護の手前の制度があまりに脆弱なので、生活保護が「最初で最後のセーフティネット」になってしまっています。このような現状を改善するには、生活保護の手前の制度の方を充実させて、結果として生活保護への加重な負担を減らすという方向性も考えられます。より普遍的な社会保障制度を構築する観点からは、そちらの方が望ましいでしょう。

例えば、高齢者・障害者に対する最低保障年金制度を創設すること、住居確保給付金の受給要件を緩和して(厚生労働省令の改正で簡単にできます)、欧米諸国並みの低所得者向けの住宅手当(家賃補助)制度に発展させること、医療保険の一部自己負担金を低所得者については免除すること、就学援助制度を国の制度として充実させて教育に関わる費用負担を無くすことなども十分に検討されるべきです。

いずれにせよ、この国で暮らす誰もが安心して生活していくためにはどのような社会保障制度が必要か、国民的な議論が求められています。

注

1　日本弁護士連合会(日弁連)が2008年11月8日に発表した生活保護法改正要綱案(以下、「日弁連改正案」といいます)と同じ提案です。なお、日弁連改正案の概要と全条文案、要点のリーフレットは日弁連HPでダウンロードできます。

2　副田義也『生活保護制度の社会史』東京大学出版会：p.21。

3　ここでいう捕捉率とは、2018年に、厚生労働省が公表した「生活保護基準以下の低所得世帯数に対する被保護世帯数の割合(被保護世帯割合)」(本書p.38表2-4参照)を念頭に置きますが、以下の①、②も重要な指標ですので場合によっては使います。

　捕捉率については次の3つの定義があります。①生活保護率/貧困率(その国で貧困とされる人・世帯のうちの生活保護受給率。本書第4章の各国比較で主に使用されている捕捉率です。②生活保護利用世帯数/生活保護基準以下の収入で生活する世帯数(収入比較で生活保護以下の生活をしている世帯のうち現に生活保護を利用している世帯の割合)。③生活保護利用世帯数/生活保護基準と一部資産要件を満たしている世帯数(収入と資産の一部が生活保護の要件を満たす世帯のうち現に生活保護を利用している世帯の割合)。このうち②、③は厚生労働省が公表しています。

4　2018年5月厚生労働省推計資料「生活保護基準以下の低所得世帯数に対する被保護世帯数の割合の推計について」。同資料の読み方について、2010年の公表資料に関して、吉永純・後藤道夫・唐鎌直義「膨大な「保護からの排除」を示す」『賃金と社会保障』1523号：p.4で検討しています。

5　『判例タイムズ』751号：p.238。

6　同省ナショナルミニマム研究会第8回資料。確かに、同省が指摘するとおり、統計からは保有資産の評価額、親族からの扶養や稼働能力の有無など、生活保護の受給要件を満たすかが技術的にわからないため正確な捕捉率の集計はできないとしても、それに近い推計を国が行うことに大きな意義があります。

7　戸室健作「都道府県別の貧困率、ワーキングプア率、子どもの貧困率、捕捉率の検討」『山

形大学人文学部研究年報』第13号(2016.3)：p.33。

8 日弁連改正案5条の2第2項、同7条5項、同7条6項を参考に修正しました。

9 詳しくは、生活保護問題対策全国会議編(2012)『間違いだらけの生活保護バッシング』明石書店参照。

10 日本弁護士連合会編(2007)「検証　日本の貧困と格差拡大」日本評論社：p.208。

11 高田清恵訳。

12 翻訳は、萩原金美訳(1995)『スウェーデン行政手続・訴訟法概説』信山社：p.174以下によります。

13 2018年2月5日衆議院予算委員会、志位和夫議員の質問に対する安倍首相の答弁。

14 詳しくは、小久保哲郎(2018)「生活保護法改正と申請権保障」日本社会保障法学会編『現代生活保護の法的検討／障害者の所得保障』(『社会保障法』第33号)法律文化社：p.13参照。

15 横浜地裁平成27年3月11日判決(『賃金と社会保障』1637号：p.42)は「指示をするからには、受け手が理解できるよう指示内容を可能なかぎり明確にすべきであるが、しおりを交付しただけでは……指示内容が明確であるとはいいがたい」としています。

16 大阪地裁平成25年10月31日判決(『賃金と社会保障』1603・1604号：p.81)は「相談者の言動、健康状態に十分に注意を払い、必要に応じて相談者に対し適切な質問を行う」ことを、大阪高裁平成26年11月27日判決(『判例時報』2247号：p.32)は「必要に応じ、不明な部分につき更に事情を聴取し、あるいは資料の追完を求める」ことを職員に求めています。

17 注16の大阪地裁判決は「保護の開始申請手続を援助する」義務、福岡地裁小倉支部平成23年3月29日判決は「申請を援助指導する申請援助義務」の存在を認定しています。

18 局長通知第1の1 (3)は、「中学3年以下」をもって「未成熟」としています。

19 「生活保持義務」とは、扶養義務者の最低生活費を超過する部分において、権利者が義務者と同程度の生活をできるよう扶養する義務であり、「生活扶助義務」とは、扶養義務者がその社会的地位にふさわしい生活を維持したうえで余裕の範囲で扶養する義務をいいます。

20 近畿弁護士連合会編(2014)『生活保護と扶養義務』民事法研究会：pp.47－51。

21 同前：pp.72－99。

22 同前：p.17;102。

23 小山進次郎(1951)『生活保護法の解釈と運用〔改定増補〕』中央社会福祉協議会：p.120。

24 「扶養の期待可能性がない」例としては、被保護者、社会福祉施設入所者、長期入院患者、主たる生計維持者でない非稼働者、未成年者、概ね70歳以上、生活歴等から明らかに扶養できない(20年間音信不通等)、夫の暴力から逃れてきた母子等が挙げられています(課長通知問5の2、別冊問答集問5－1)。

25 前掲注20：p.42。

26 大阪市生活保護行政問題全国調査団(2014)『大阪市の生活保護でいま、なにが起きているのか』かもがわ出版：p.48。

27 生活保護問題対策全国会議編(2013)『間違いだらけの生活保護「改革」』明石書店：p.7;86。

28 「パックス」とは、同性・異性を問わず共同生活を営むカップルを対象とし、法的婚姻関係に準ずる権利・義務関係を認め公証する制度です。

29 国会が定めるのみとする日弁連改正案8条1項に審議会と当事者の位置づけを付け加えま

した。

30　小山進次郎(1951)『生活保護法の解釈と運用〔改定増補〕』中央社会福祉協議会：p.167。

31　高橋和也(2014)「ドイツ連邦憲法裁判所が活用する首尾一貫性の要請の機能について：司法審査の民主主義的正当性という問題を中心に」『一橋法学第13巻第3号』pp. 225-226。

32　小山同前：p.168。

33　嶋田佳広(2014)「ドイツにおける扶助基準設定の新たな展開――最低生活保障水準の定型化と違憲判決の意味」山田篤裕ほか編『最低生活保障と社会扶助基準　先進8ヶ国における決定方式と参照目標』明石書店：p.127。基準需要算出法の全条文(嶋田訳)は『賃金と社会保障』1539号：p.27参照。

34　原田康美「フランスの社会扶助――最後のセーフティネット『積極的連帯所得』の給付水準とその改定」前掲注33：p.92;111。

35　大阪市生活保護行政問題全国調査団(2014)『大阪市の生活保護でいま、なにが起きているのか』かもがわ出版：p.95。

36　現行生活保護法も生業扶助については「(最低限度の生活を維持することのできない)おそれのある者」も利用できるものとしていますが(17条)、実務上は空文となっています。

Ⅱ　実施要領改正提案

1　預貯金についての保有要件の緩和

（1）改正案と現行運用

①改正案

【保護申請時】

最低生活費（生活扶助、住宅扶助）の3倍程度の保有を認めます。

（注1）　最低生活費の3倍程度の額の例

単身世帯（40歳）で35万円程度（大阪府）。3人世帯（33歳、29歳、4歳）で65万円程度（同）

【保護開始後】

保護費等（収入認定された年金、賃金等を含む）を原資とする預貯金は、以下の保有目的を確認のうえ、原則として保有を認めます。

また、資産申告書の年に1回の提出を求める通知は撤廃します。

（調査すべき項目）生活保護の趣旨目的に反しない累積金の例

①耐久消費財（テレビ、冷蔵庫、洗濯機などの家電製品）や布団、食卓、タンスなどの家財道具の修理や買い替え費用

②子どもの教育費（高校の進学、就学費用で高校等就学費等ではまかなえない費用や大学等の就学にかかる費用）

③家族や親族との交際や、葬儀に要する費用（葬儀費用で葬祭扶助では不足する額や墓石代、永代供養の費用、遠隔地の親族が亡くなった場合の葬儀参列のための交通費、香典など）

④社会通念上認められる娯楽（旅行など）

⑤その他当該世帯に予想される不安、リスクに対応する費用（不意の入院に必要な費用など）等

②現行運用

【保護申請時】

預貯金は原則として保有は認められず、収入認定されます(生活保護が必要と判定された世帯の開始月における支給額の算定に当たっては、最低生活費の半月分までの貯蓄は収入とみなさない取扱い)。

【保護開始後】

保護費等を原資とする保護の趣旨目的に反しない預貯金の保有は容認されます。また、2015年度から資産申告書提出を年1回求められるようになっています(課長通知第3の13)。

(2) 改正理由

①現行運用の問題点

【保護申請時】

現行運用においては、預貯金は基本的には収入認定の対象となります。つまり、最低生活費の1か月分を割り込まなければ生活保護は開始されません。これは、預貯金等手持ち金の合計が単身者でせいぜい10万円あまりまで少なくならないと保護が開始されないことを意味します。

換言すれば、「丸裸」にならないと保護は認められないのです。「虎の子」のわずかの預貯金まで消費しなければ保護にはなりません。「生活保護を取るか、預貯金を取るか」の窮極の選択を迫られることになります。この厳しい条件が、自動車保有の否認とともに、生活保護を利用しにくくしている2大障壁となっています。多少でも預貯金が残っている「余力」のある段階で生活保護を適用しなければ、たとえ生活保護になったとしても、自立への力を削いだ状態からの出発となり却って自立から遠のくことになります。また、生活保護になっても生活保護で支給されない費目(上記1(1)①改正案、「保護開始後」)への備えとして貯蓄せざるを得ませんから、ある程度の預貯金を残した状態で保護すべきです。

諸外国では、そもそも資産を問わない国があるのをはじめとして、それぞれ相当額の保有を認めており、日本の厳しさが際立っています(詳しくは、本書第4章参照)。

表2－10　各国の預貯金条件

国	預貯金（保有限度額）
ドイツ	3,100～9,900ユーロ（37.8万～120.8万円）
フランス	問わない。
スウェーデン	特になし。
イギリス	16,000ポンド（248万円）
アメリカ	TANF：州によって異なるが2,000ドル（22万円）ほどの州が多い。
韓　国	大都市では5,400万ウォン（513万円）、中小都市では3,400万ウォン（323万円）、農漁村では2,900万ウォン（275.5万円）を超える金額に所得換算率をかけて所得に換算される（借金がある場合これも差し引かれる）。

【保護開始後】

2015年度から年に1回の資産申告書の提出が求められるようになって、保護費等を原資とした一定の預貯金の存在を申告した場合、生活保護の趣旨目的等を聴取しないままに生活保護を停廃止する事例、生活保護の趣旨目的を耐久消費財の買い替え費用等に限定するなど制限的な運用による保護の停廃止事例などが散見されます。

②改正案の根拠

【保護申請時】

現在も、次のような場合には保護申請時の資産の保有が認められています。まず、生命保険については、解約返戻金が最低生活費（生活扶助＋住宅扶助）の3倍程度まで、保険料が最低生活費（同）の1割程度の場合には保有を容認しています。また、学資保険は、解約返戻金がおおよそ50万円程度まで保有を認めています。さらに、保護廃止をする臨時的収入の目安は、生活保護を廃止しても6か月は再度保護にならない見込みとなっています。つまり最低生活費の6か月分が保護廃止の目安となっています。

そして、社会保障審議会・生活保護の在り方に関する専門委員会報告書（2004年12月15日）は、同じく生活の再建を図る制度である破産法を念頭に「新破産法にかんがみ、最低生活費の3か月分までは保有可能とすることも考えられる」と述べているところです[1]。

このような運用や類似の他の制度を考慮すると、最低生活費（生活扶助、住宅扶助）の3倍程度の預貯金の保有についても容認できると考えられます。

【保護開始後】

そもそも支給された保護費や認定された収入は保護利用者の所有に帰属するものです。またそれらの使途は基本的には保護利用者の自由です(中嶋学資保険裁判・福岡高裁平成10年10月9日判決)。改正案にある保有目的を確認の上、生活保護の趣旨目的に反する場合を除き、保有を認める運用に改正します。

また、年1回の資産申告書提出の義務付けは根拠に乏しく、撤廃すべきです。

すなわち、第1に、収入等の届出義務を定める法61条は、生活保護利用者の生計の状況に変動があった場合に届け出義務を課していますが、変動がない場合にも定期的な届け出義務があるわけではありません。個別の具体的必要性がないのに、年1回の定期的な資産申告書の提出をしなければならない法律上の義務はないと考えられます。また、保護開始時に資産申告書は提出されており、その後は定期的に(少なくとも年1回)収入申告書は提出されていますから、それらの申告によって、もし多額の収入があれば捕捉できるはずです。

第2に、2013年の改正により法第60条に「生計の状況を適切に把握」することが生活上の義務として明記されたことが、年1回の資産申告書提出義務化の理由とされました。しかし、この義務は保護利用者自身の主体的努力義務というべきものであり、実施機関への資産申告を根拠づけるものではありません。改正法案の審議にあたっての国会答弁でも、国は「あくまでも受給者が主体的に取り組んでいくことが重要であって、この責務を果たさないことをもって保護の停廃止を行うというようなことは考えておりませんし、あってはならない」(2013年5月31日、衆議院厚生労働委員会。桝屋厚生労働副大臣(当時))としていたところです。

2　処分価値の低い自動車の保有を認める

(1) 改正案と現行運用

①改正案

> 処分価値の低い自動車の保有、利用を認めます。

②現行運用

ア　自動車の保有が認められる場合

生活用品としての自動車の保有は原則として認められていません。ただし、以下の場合は例外的に容認されます。いずれも処分価値が小さいこと、当該地域の自動車の普及率等から自動車を保有しない低所得世帯との均衡を失しないこと等が前提となります。

1．通勤用自動車

障害者の通勤に必要な場合、住まいか就労先が公共交通機関の利用が著しく困難な地域にある場合、深夜勤務の場合

2．保護開始時において失業や傷病により就労を中断している場合の通勤用自動車

概ね6か月以内に保護から脱却することが確実に見込まれる場合は保有可(さらに6か月延長可)

3．障害者が通院等に自動車を必要とする場合

定期的な通院、通所、通学の場合は保有可

4．その他、事業用品としての自動車、公共交通機関がない場合の保育所の送迎のために認められる場合

イ　使用、借用

保有が認められない場合は、使用、借用(他人名義の自動車を使用する場合など)も認められません。また保有が認められても、その容認理由(通院など)以外の使用(買物等)も禁止されることが少なくありません。

ウ　諸外国の自動車の扱い

諸外国においては、下記のように自動車の保有を容認する範囲が広く、預

貯金と同じく原則として保有を否認する日本の厳しさが際立っています(詳しくは、本書第4章参照)。

表2－11　各国の自動車の扱い

国	自動車の扱い
ドイツ	働ける場合は保有可
フランス	既に保有している自動車は可
スウェーデン	業務上必要であれば保有可
イギリス	保有可
アメリカ	TANF：世帯のすべての車・大人の人数分・運転免許所持者数の所有を認める17州、世帯で1台のみ認める10州など。
韓　国	規定の計算方式に基づき所得に換算し所得認定額に含める。但し障がい者等または生業自動車は財産から減免する。

(2) 改正理由

前述の保護開始時の預貯金の保有否認とともに、自動車の原則保有否認は、生活保護を利用しにくくしている2大障壁の一つとなっています。しかし、自動車の保有を否認する理由には根拠がなく、保護世帯の自立を促進するには、むしろ自動車の保有を認めるメリットを考慮すべきです。

①自動車の必要性

自動車は生活のために有用であり、その保有は一般化しています。その禁止は保護世帯の自立を阻んでいます。

現在、自家用自動車台数は全国で6000万台を超え(2018年1月)、一般世帯の自動車の保有率は2人以上の世帯では79%に達しています(内閣府「消費動向調査」2017年主要耐久消費財普及率)。

このように日本社会において自動車は、生活する上で必要不可欠な生活用品となっています。このことは生活保護世帯など低所得世帯にとっても同様です。すなわち、就労先への通勤、ひとり親が子どもを保育所に預け就労する場合の保育所への送迎と通勤等を考慮しただけでもその必要性は明らかです。特に公共交通機関の衰退が著しい地方に行くほど、自動車の必要性は高まります。しかし、現行運用では、都市部、地方を問わず一律に自動車の保有を原則として否認しています。そのため、自動車の保有否認が、特に地方での生活保護利用をためらう高いハードルとなっていることは明らかです。

②保有否認の合理的理由はない

自動車の保有を原則として認めないのは生活保護法4条1項の「保護は、生活に困窮する者が、その利用し得る資産、能力その他あらゆるものを、その最低限度の生活の維持のために活用することを要件として行われる」を根拠としています。

この規定の趣旨は、処分価値のある資産を換金等して生活費に当てるべきというところにあります。そうすると、第一に、資産とは換金できるもの、すなわちプラス財産となります[2]。したがって、法は処分価値のない自動車の保有は禁じていないと考えられます。第二に、資産活用についての次官通知は「その資産が現実に最低限度の生活維持のために活用されており、かつ処分しているよりも保有している方が生活維持及び自立の助長に実効があがっているもの」については保有を認めるとしているとおり、「活用」の意味は単に換価するだけでなく、「保有して利用する」ことも、含まれています。第三に、生活保護においては、耐久消費財等の生活用品の保有基準は、地域において7割の世帯が保有している物品は生活保護世帯でも保有が容認されています[3]。現在の自動車の保有率から考えれば、自動車の保有は原則として認められることになります。

以上のように、法の趣旨、資産保有に関する次官通知、さらに耐久消費財についての保有目安等を考慮すれば、自動車の保有は原則として容認すべきです。

しかし、生活用品としての被保護者の自動車保有は、地域の普及率にかかわらず、上記のような条件のもとにしか認められていません。

その理由としてよく言われるのは、1.自動車の購入費用や処分価値が一般に大きいこと、2.維持費や駐車場の経費が最低生活を圧迫しかねないこと、3.事故の場合の被保護者の負担能力に問題があること等です。

しかし、1.については、処分価値が小さい自動車であれば問題ないはずです。2.については、保護費の使途は生活保護の趣旨目的に反しない限り自由ですから、維持費等経費に保護費等を消費するのは原則として保護世帯の自由です。また、維持費等を経費として就労収入などから控除することも可能です。3.についても、自動車は強制保険には加入しており最低限の保障は確保されています。2.と同じく、任意保険料を維持費等を必要経費として就労収入などから控除することも可能です。

③使用まで否認する理由はさらにない

自動車の使用を原則否認する根拠も希薄です。他人名義の自動車の場合には、そもそも処分権限がないから換価しようがありません。処分権限のない自動車使用を禁じることは、保護利用者の生活の仕方、行動自体を規制するものであって、個人の自由を侵害するものです(憲法13条違反)。

また、保有を容認された自動車について、容認目的以外の使用を禁じる理由もありません。すなわち、自動車保有をめぐる裁判で、判決は「当該自動車を通院以外の日常生活上の目的のために利用することは、被保護者の自立助長及びその保有する資産活用という観点から、むしろ当然に認められるというべき」(大阪地裁平成25年4月19日判決)としているところであり、過度に制限的な運用に理由はないのです。

※参考：日本弁護士連合会「生活保護における生活用品としての自動車保有に関する意見書」(2010年5月6日)

3　稼働能力活用要件の改正

(1) 改正案と現行運用

①改正案

> 生活困窮者が、働く能力があっても現に仕事がない場合には生活保護を利用できることを明記します。

②現行運用

稼働能力は保護の開始要件とされています。その判定は、①稼働能力の有無、②その能力を活用する意思の有無、③実際に稼働能力を活用する就労の場の有無により判断されます。また、保護利用中に稼働能力活用が不十分とみなされると、指導指示の上、保護の停廃止などの不利益処分が課される場合があります。

(1) 改正理由

①現行運用——実施要領の問題点

生活保護行政の運用指針である保護の実施要領は上記のように3つの要素で稼働能力の活用の有無を判定することになっています。しかし、実施要領では、

②の活用意思について、「真摯に求職活動を行ったかどうか」をメルクマールとしているため、主観的な「真摯さ」という要素は限りなく福祉事務所に有利に働き、福祉事務所は、要保護者の状態を無視した、「週3回ハロワに通ったかどうか」など非現実的、機械的な指導に陥る傾向となり、福祉事務所が要保護者に対して「まともに仕事を探さない」などの一方的な評価をする要因になっています。また、就労の場についても、有効求人倍率が主な判定要素となっているため、福祉事務所が、倍率が1以上であれば、「仕事があったはず」という判断に陥る傾向があり、要保護者の経歴、キャリアなどにマッチしない判定に陥ってしまうことになります。

稼働能力に関わるこのような運用のために、問題事例が後を絶ちません。例えば、大阪市に於いては、保護申請時に、福祉事務所が保護申請者に対して1か月にわたり就労についての「助言指導」を行った上で、稼働能力の活用要件充足性を判断するというガイドラインに基づく運用を行い、収入もないまま求職活動を行わせています[4]。また、47歳の元ホームレス男性に対する稼働能力不活用を理由とする保護廃止処分直後に、その男性が自殺した東京・立川市の事件があります[5]。さらに、四日市市において、糖尿病でインシュリン投与を要する62歳男性に対して稼働能力不活用を理由に保護廃止処分が行われています[6]。

②改正案の根拠と趣旨

ア　不安定雇用の増大、「半失業」の常態化、「半福祉・半就労」による支援の必要性

近時、有効求人倍率の上昇等雇用状況が好転したと言われていますが、雇用形態では非正規雇用が4割を占め、年収200万円未満の低賃金労働者が依然として1000万人を越えるなど不安定度が増しており、したがって実質賃金は停滞傾向にあります。このような雇用状況の下では、生活保護を利用しながらの就労という形態はなお必要性が高いといえます。

また、2015年度に生活困窮者自立支援法が施行されました。同法は、生活保護に至る前での支援を想定していますが、独自の所得保障がありません。このため必要に応じて生活保護を利用して、生活保護で最低限の生活を保障しつつ、就労支援を行う必要性が高いといえます。また、生活保護で補足しながら就労を進める「半福祉・半就労」という形態も必要性が強まると思われます。このように、現下の雇用状況において、生活保護を機動的に運用する必要性が強くなっており、この意味でも、稼働能力活用規定を改正する必要性があります。

イ　稼働能力活用をめぐる事件における裁判所の判断枠組みと「活用意思」の解釈

近時、稼働能力をめぐっては、6つの裁判が提起され、うち1つの原告の勝利的和解以外は、5つの裁判で原告が勝訴しています[7]。これらの判決は、稼働能力の活用要件に関しては、概ね次の判断枠組みにしたがっており、この判断枠組みは定着しているといえます。

すなわち、「当該生活困窮者が、その具体的な稼働能力を前提として、それを活用する意思を有しているときには、当該生活困窮者の具体的な環境の下において、その意思のみに基づいて直ちにその稼働能力を活用する就労の場を得ることができると認めることができない限り、当該生活困窮者はその利用し得る能力を、その最低限度の生活の維持のために活用しているものであり、稼働能力の活用要件を充足する」(東京地裁平成23年11月8日判決)としています。また、活用意思についても、「真正なもの」(単に働きたいという意思。その質と量は問わない。筆者注)であれば足りるとして、「一般的な社会的規範に照らして不十分な又は難のある者であるとしても、当該生活困窮者が申請時において真にその稼働能力を活用する意思を有している限り、生活保護の開始に必要な稼働能力の活用要件を充足している」としています(同)。

これらの判断は、保護申請者の生活困窮状況、すなわち要保護性を直視し、現に収入が得られない状態ではまずは保護をしなくてはならない(そうしなければ求職活動もままならない)という現実から出発している点が、当然とはいえ注目されます。また生活困窮者の実態をリアルに見ている点で高く評価できるものです。したがって、このような定着した裁判所の判断に基づき行政運用を早急に是正しなければなりません。

ウ　改正の必要性

以上の理由により、実施要領に規定する稼働能力活用の判定要素のうち、問題の多い「活用意思」の要素を削除するとともに、上記のような改正を行うこととします。

4　大学等進学による世帯分離の廃止（世帯内就学）

（1）改正案と現行運用

①改正案

> 大学、短期大学、専修学校に就学しながら、保護を受けることができるようにします。
>
> また、大学等に就学しながら生活保護を受ける学生のアルバイト等の収入のうち、就学のために必要な費用については、収入認定しないこととします。

②現行運用

生活保護世帯の世帯員が、大学等(短大・専修学校含む)に進学する場合(保護開始時に、現に大学で就学している場合を含む)、世帯員に生活保護を適用することは認められません。そのため、現在の運用では、該当する世帯員(大学生等)のみ生活保護の適用を除外する「世帯分離」という措置が行われています。

（2）改正理由――世帯分離の廃止

①生活保護世帯の子どもの大学等への進学率の低さ

生活保護世帯の大学等進学率は2017年度35.3％であり、全世帯の大学等の現役進学率73.0％に比べて極端に低い水準にとどまっています(生活保護世帯：厚生労働省社会・援護局保護課調べ、全世帯：2017年度学校基本調査)。この進学格差とも呼ぶべき事態を引き起こしている原因の一つが、進学すると生活保護から学生が分離される特有の制度運用にあるといわれています。これを解消することは、一般世帯と生活保護世帯との進学格差を解消し、経済的事情によらない教育の機会均等を図るという点からも急務です。

また、学歴により生涯賃金にも大きな差があるのは周知の事実です。労働政策研究・研修機構によれば生涯賃金では、大学・大学院卒の場合、男性2億7千万円・女性2億2千万円であるのに対して、高校卒の場合、男性2億1千万円・女性1億5千万円であり、6千万円以上の差がでると言われています(労働政策研究・研修機構「ユースフル労働統計2017」)。

図2－2　大学等の進学率（生活保護世帯と全世帯）

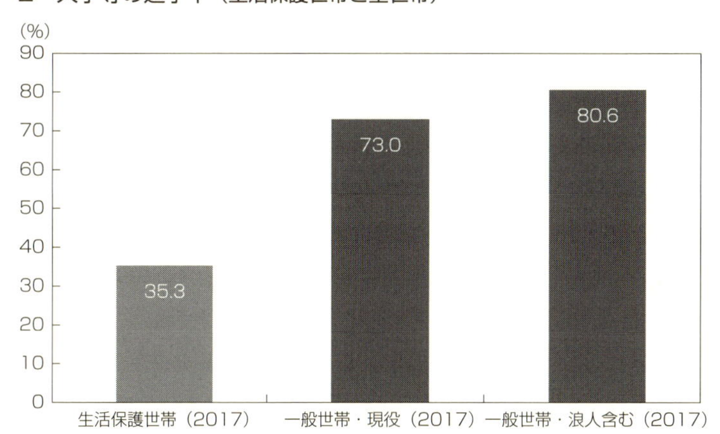

②一般世帯の進学率の水準から

先述のとおり、全世帯の大学等の現役進学率は73.0％（2017年度）です。また、いわゆる浪人等も含んだ過年度卒の進学率になると、16年度80.0％、17年度80.6％に達しています（文部科学省「学校基本調査」）。

現在の厚生労働省の見解によれば、生活保護法第4条が定める「資産」の保有を容認する基準として「一般世帯との均衡を失することにならない水準」として、「当該地域の全世帯の70％程度の普及率」を挙げています（局長通知第3の4の(4)イ、保護課長通知問第3の6答(2)）。同条においては、「能力活用」についても「資産」「その他あらゆるもの」と列挙されており、進学率80％をこえた大学等への進学についても、一般世帯との均衡の観点からも認められるべきです。

③かつての高校等就学に関する運用変更の例から

国は、かつて、生活保護世帯の子どもの高校等への進学についても、現在の大学等と同様に世帯分離の運用を行っていました。しかし、1970年に、当時の高校進学率が80％に達したこと、高校等への進学が自立助長に資するものであることを根拠に、世帯分離の運用を改め、高校生等の生活保護適用を認める世帯内就学へと転換させた経緯があります。

現在、浪人を含めた一般の大学等進学率が80％に達していることから、1970年当時と同様に、大学生等への世帯分離の運用をやめ、生活保護を認めるべき段階にあるといえます。

④国の全国調査（生活保護世帯出身の大学生等の生活実態調査）

国は、2018年6月25日に生活保護世帯の大学生を対象にした初の全国調査（17年10～12月に実施）の結果を公表しました。「保護世帯の子の（大学等）進学支援」を目玉に掲げた「改正生活保護法」が国会を通過した3週間後にようやく公表されたこの実態調査は、2025人の世帯分離された学生が回答しており、とくに世帯分離による保護世帯と学生の経済的困窮の実態が色濃く出ています。

「世帯分離により生活扶助が減ったことで、家庭に影響がありましたか」との質問には、「食費を節約した」が57.1％、「衣類の購入を控えた」という回答が55.0％にのぼっており、「影響なし」と答えたのはたった4.7％でした。さらに医療面でも「経済的な理由でできるだけ受診を控えた」と答えた人が26.9％もいました。世帯分離により生活扶助費が減少し、医療扶助の対象から外れることで、最低限度の生活をしている生活保護世帯がさらに衣食を削り、学生が医療の受診を控えるような状況に陥っているのです。

図2－3　生活保護世帯の大学生たちの現実（世帯分離の影響）

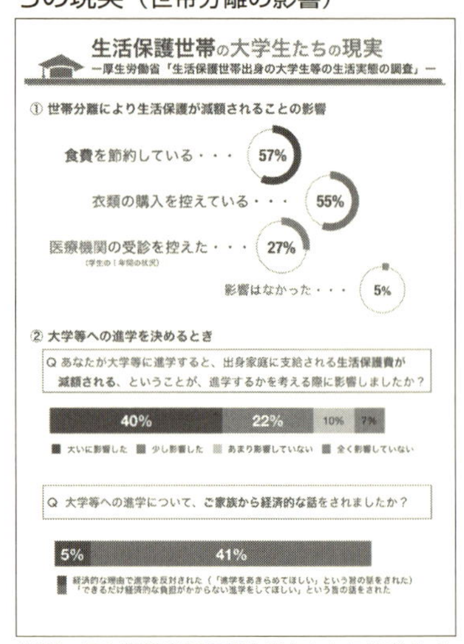

出所：厚生労働省調査報告書をもとに筆者作成

世帯分離の影響は、保護世帯の学生の進路選択にも大きな影響を与えていることがわかりました。「進学で出身家庭の保護費が減額されることが、進学に影響したか」との質問には、「大いに影響した」が40.4％、「少し影響した」が21.5％であり、あわせると6割を超える学生がその影響を訴えています。また、家族から「経済的な負担がかからない進学をしてほしい」と言われた学生は41.4％、「進学を反対された」学生は5.2％いました（図2－3）[8]。

こうした世帯分離の悪影響の実態が、2000を超える当事者の悲痛な声から明らかになっているにもかかわらず、国は「世帯分離の見直し」には否定的な態度を貫いています（東京新聞 2018年7月2日朝刊）。

（3）改正理由——大学生等のアルバイト収入の認定除外

①改正の趣旨

生活保護制度では、生活保護費以外の収入があった場合、原則として収入認定され、当該収入の分だけ生活保護費が減額されます(必要な経費・控除は除く)。現行の運用下では、生活保護世帯の大学生等は世帯分離されているため、学生が得ている奨学金やアルバイト収入については収入認定の対象となっていません。しかし仮に上記の提案のとおり、世帯分離を廃止し世帯内就学を認めた場合、収入認定の対象となることが想定されます。

しかしながら、奨学金制度が脆弱かつ、高等教育の授業料が高騰している日本において、生活保護世帯出身の学生は、アルバイト収入の多くを就学のために費やしており、これら収入を一律に収入認定し、生活保護費を相殺してしまうことは、改正の趣旨からしても本末転倒です。そこで就学に必要な費用については収入認定の対象から外す必要があります。

②就学に関する費用分の収入認定は除外

現行運用では、高校生の場合、奨学金は、収入認定の対象から除外されています。大学生等が世帯内就学した場合は、これを援用し奨学金を収入認定から除外することは可能でしょう。また、高校生のアルバイト収入については、「就学のために必要な最小限度の額」及び「就労や早期の保護脱却に資する経費のうち必要最小限度の額」として、私立高校における授業料の不足分、修学旅行費、クラブ活動費や、学習塾費、大学の入学金等(ただし、入学後の授業料等には認められていない)に充てる場合であれば、収入認定から除外される運用となっています(次官通知、保護課長通知問第8の58)。

よって、世帯内就学を認めると同時に、生活保護世帯の大学生等のアルバイト収入については、授業料及びその他学校納付金、教科書代、通学費等就学関係費にあてられる費用について、収入認定しないという取り扱いとするべきです。

(4) 生活保護世帯出身の単身大学生(いわゆる下宿生)の取扱いについて

生活保護制度において大学進学を認めた場合、世帯単位では所得の少ない単身大学生(いわゆる下宿生)に一律に生活保護を適用することとなり、制度が破綻するのではないかという指摘があります。

これについては現実的な選択肢として、現行の運用にならって出身世帯を単位として個別に生活保護の必要の有無を判定する(要否判定)方法が有効です。逆に言えば、出身世帯のない、あるいは経済的に頼ることのできない単身大学生(出身世帯が生活保護を利用。児童養護施設退所者など)については、何らかの事情により生計維持が困難となった場合に生活保護制度の利用をしながら就学することが可能となります。

(5) 国による政策対応(2018年からの支援策)の評価

国は、2018年度から生活保護世帯の子どもの大学等への進学支援策として、「大学進学時の一時金の創設(進学準備給付金)」として、進学時の新生活立ち上げ費用として一時金(自宅生10万円/下宿生30万円)を支給することを決めました[9]。新制度により、18年4月からの入学者は、この給付金を受け取ることができるようになりました。また、あわせて、大学在学中は住宅扶助費のみ減額せずに進学前の基準で支給することにしました。ただし、結論としては、これだけではまったく不十分な支援策です。まず入学時の一時金という発想が誤りです。生活保護世帯の大学生は、進学時のみ困っているのではなく、在学中ずっと生活に困窮しています。そして世帯分離の影響は、住宅扶助の減額よりも生活扶助の減額の方がはるかに影響が大きいです。一時金とわずかな住宅扶助の支援に止めるのではなく、根本的に生活保護世帯の大学生の困窮をなくすための対策こそが必要です 。

*参考:日本弁護士連合会「生活保護世帯の子どもの大学等進学を認めるとともに、子どものいる世帯の生活保護基準を引き下げないよう求める意見書」(2017年10月18日)

注

1 現在の破産法の運用においては、自己破産をした場合でも、標準的な世帯の3か月間の必要生計費相当額である99万円までの現金は破産財団を構成せず、破産者が自由財産として自由に処分できるとされています〔破産法第34条第3項、民事執行法第131条第3号、民事執行施行令1条〕。

2 本書p.61注30、小山(1951)は、「資産」とは、「プラス財産の総称」と定義しています(p.121)。

3 課長通知第3の6、答(2)。

4 保護申請時に1か月にわたり生活費がないもとで稼働能力活用を強いられるため要保護者は過酷な状態に置かれてしまいます。ガイドラインの問題点は、大阪市生活保護行政問題調査団(2014)『大阪市の生活保護でいまなにが起きているか』かもがわ出版参照。

5 2017年4月12日「東京新聞」Web版、朝日(2017年12月29日閲覧)。

6 この事件では弁護士の奔走により男性の住まいが確保されるとともに、廃止処分を福祉事務所が自ら取り消しました。芦葉 甫「四日市インスリン事件」『賃金と社会保障』1660号。

なお、この事件は男性が福祉事務所長に対して慰謝料請求を求めた国賠訴訟において原告が勝訴しています(津地裁平成30年3月15日判決、被告控訴)。

7　6つの訴訟とは次の6つです。①東京地判平23・11・8（『賃金と社会保障』1553号・1554合併号、p.63)。控訴審の東京高判平24・7・18（確定）(『賃金と社会保障』1570号、p.42)、②大津地裁平成24年3月6日判決(確定)（『賃金と社会保障』1567・1568合併号、p.35)、③大阪地判平25・10・31（確定）(『賃金と社会保障』1603・1604合併号、p.81)、④那覇市で保護利用中であった高血圧、脊柱管狭窄症の60代女性が、福祉事務所の就労指導(週5日以上1日4時間以上就労すること)違反を理由に保護が停止された事件において(平成23年6月21日那覇地裁へ提訴)、平成25年7月裁判所は本件保護停止処分と、その前提である指導指示内容が法27条2項、3項に違反するとの心証を示した上で和解(被告による本件処分の取消、原告の訴え取下げ)を勧めたところ、那覇市はこれを受入れるとともに原告には稼働能力がなく当分の間就労指導しない旨決定し、平成25年9月30日に本件保護停止処分を自ら取消しました。原告も訴えを取り下げ、裁判は終結しました。大井琢「違法な就労指導指示に基づく保護停止処分に対する執行停止と自庁取消」『賃金と社会保障』1601・1602合併号、pp.91－95。⑤静岡地判平26・10・2（『賃金と社会保障』1623号、p.39)、控訴審の東京高判平27・7・30（確定）(『賃金と社会保障』1648号、p.27)、⑥津地判平成30・3・15、前注6。

8　厚労省「生活保護世帯出身の大学生等の生活実態の調査・研究等一式報告書」。

9　厚生労働省社会・援護局長通知「生活保護法による進学準備給付金の支給について」(平成30年6月8日社援発0608第6号)、同局保護課長通知「生活保護法による進学準備給付金の取扱いについて」(平成30年6月8日社援保発0608第2号)。

第3章
地域でできる運動の提案

本章では、第2章で提案した国レベルの改正案を実現するために、読者の皆さんが暮らしておられる地方で取り組めることを、全国の注目すべき実践例を紹介しながら提案しています。

「生活保護なめんな」ジャンパー事件の舞台となった小田原市は、自らの誤りに真摯に向き合い、「保護のしおり」やホームページの改善をはじめ劇的な変化を遂げようとしています。また、堺市は、若手職員グループの発案により生活保護世帯からの大学等への進学者についての調査を行い、2018年の大学等進学給付金の実現の原動力となりました。さらに、野洲市は、「暮らし助け合い条例」の制定により、生活困窮者支援を市政の最優先施策として推進しています。こうした自治体の取り組みに学び、「私のまちの生活保護行政」を改善する取り組みを地方から積み重ねていくことが、この国の制度を変えることにつながるはずです。

1 「見てみよう、行ってみよう、聞いてみよう」運動

(1) きっかけは小田原市ジャンパー事件

2017年1月に社会問題となった小田原市の「保護なめんな」ジャンパー事件[1]。同市が設置した「生活保護行政のあり方検討会」で有識者委員が口々に指摘したのは、ジャンパーの件だけではなく、ホームページや保護のしおりが不適切なものであり、憲法や生活保護法に基づいた生活保護業務がなされていないということでした。

いわゆる「水際作戦」をはじめ、生活保護の違法な運用や人権侵害は今も全国

各地で起きています。これを是正し、生活保護が真の権利・人権となるように変えていくことが求められています。

そこで試しに、小田原市の近隣、神奈川県下の福祉事務所の保護のしおりについて、生活保護問題対策全国会議が独自に作成したチェックポイントに基づいて実際に点検をしてみました。すると、問題となった小田原市どころではない自治体が他にも多数あることがわかり、運動を強める必要性を実感することになりました。

生活保護問題対策全国会議では、2017年10月6日、神奈川県庁の保護担当課に、しおりの改善について申し入れを行い、続けて記者会見を行いました。記者の皆さんからは、具体的なチェックポイントがわかりやすく提示されており、また各自治体の問題点が明確になっているため記事にしやすいと好評でした。

(2) 保護のしおりの見直しがなぜ必要か

保護のしおりは、住民への制度案内になると同時に、福祉事務所の担当者にとっても最初の基本的なテキストにもなっています。もし、違法・不適切な内容があると、福祉事務所における法適用や解釈運用が歪み、人権侵害にもなりかねません。

たとえば「不動産、生命保険、自動車などは生活に活用してください」と書かれている保護のしおりが各地で見受けられます。持ち家や生命保険などの処分がまず求められ、それでも生活できない場合に初めて制度利用ができる、と読める説明です。しかし、高額の不動産でない限り、原則として居住している不動産の保有は認められています。また生命保険や学資保険についても解約返戻金が高額でなければ、これも保有が認められています。にもかかわらず、持ち家や生命保険をまず処分しないことには生活保護の利用ができないと住民が誤解したら、制度の利用にはつながりません。また、しおりの内容が、安心して制度利用できるような、気軽に相談できるようなものになっていなければ、事実上の水際作戦ともなります。

小田原市は、ホームページを抜本的に改善するとともに、保護のしおりを親しみやすく、かつ正確な制度説明をするものに全面改訂しました(図3－1、表3－1)。同時に、違法・不適切だった生活保護の運用についても大きく改善しました。

図３−１　改善された小田原市の「保護のしおり」から

生活保護について

○生活保護とは

年金や給与などの収入が世帯ごとに決められる「最低生活費」を下回るかた（世帯）で、自分の資産や能力、さまざまな制度を活用しても生活を維持することができないかた（世帯）に対して、国が「健康で文化的な最低限度の生活」を保障する日本国憲法第25条や生活保護法で定められた制度です。

○生活保護の目的

生活保護は、資産や能力を活用しても生活に困るすべてのかたに対し、困窮状態に応じて必要な保護を行い、その生活が保障されるとともに、自立した生活が送れるよう支援することを目的とします。

生活保護利用までの流れ

さまざまな理由で、生活が成り立たなくなってしまうことがあります。そんな時には、福祉事務所に一度ご相談ください。生活保護の利用だけでなく、そのかたがたの問題解消のため、ご協力いたします。なお、生活保護の利用の際には、以下の手続きを経ることとなります。

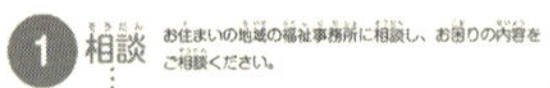

1 相談　お住まいの地域の福祉事務所に相談し、お困りの内容をご相談ください。

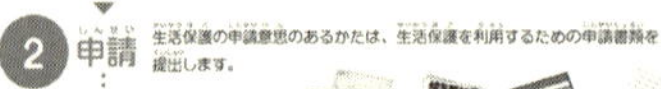

2 申請　生活保護の申請意思のあるかたは、生活保護を利用するための申請書類を提出します。

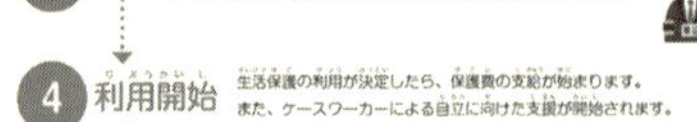

3 調査　生活保護の申請をされますと、調査員が生活状況、資産状況などを調査します。調査の結果、生活保護が利用できるかどうかを審査します。

4 利用開始　生活保護の利用が決定したら、保護費の支給が始まります。また、ケースワーカーによる自立に向けた支援が開始されます。

それでは、上記1～4の流れに沿って説明していきます。

保護のしおり

1 相談（生活にお困りになったら・・・）

生活に困っている、生活保護を利用したいと思ったら、福祉事務所に相談しましょう。相談時には、生活状況や資産状況、ご親族との交流状況などを確認させていただきます。プライベートな部分もあるため、お話は可能な範囲で構いませんので、お気軽にご相談ください。相談の中で、生活保護の制度について詳しく説明を聞き、生活保護の利用が必要な場合には申請をしてください。また、来所だけでなく、電話での相談もできます。

2 申請（意思があればどなたでも）

生活保護の利用には、本人の意思で申請することが必要です。生活保護の申請は、福祉事務所へ申請書類を提出します。福祉事務所にも申請書類がありますので、お受け取りいただき、記入してください。また、申請に伴い、調査に必要な書類や資産状況を確認できる資料なども求めることがあります。

なお、何らかの事情で本人が申請できないときは、親族などが代理で申請することもできます。

※明らかに窮迫した状況にあるときは、本人からの申請がなくても、福祉事務所が職権（職員の判断）で生活保護の利用を開始する場合もあります。

3 調査（調査内容と制度について）

ここでは、生活保護の決定に関わるものについて説明していきます。

●生活保護と資産の関係

生活保護の申請をされますと、銀行や生命保険会社などに資産調査を行います。預貯金、生命保険、土地家屋、自動車、高価な貴金属など売却や活用が可能な資産がある場合には、その資産を売却して最低生活費に充てていただくこともあります。

ただし、居住用の不動産は原則として保有が認められますし、個別の事情によっては、自動車やオートバイの保有が認められる場合もありますので、ご相談ください。

表3－1　小田原市による改善の概要

チェックの視点	改善前	改善後
権利性 憲法上の権利であることを説明しているか。説明の順序や分量が権利、義務バランス良く説明されているか。	憲法上の権利という位置づけはされていない。権利の説明から始まるものの、圧倒的に義務が多く、制度利用させたくないかのようなものだった。	憲法上の権利と明記されるとともに、権利と義務が同程度に説明されている。さらに、正当な理由なく保護費を減額されないと明記。
資産 資産保有が一切認められず、処分しなければならないかのような記載がないか。	冒頭に、活用する資産が全くない場合の制度としており、誤解を招きかねなかった。	不動産や生命保険の保有が認められる場合があることがわかるようになった。
扶養義務 生活保護の利用の条件として、本人自身が親族に扶養を求める必要があると誤解させる記載がないか。	「生活保護よりも民法上の扶養義務の方が優先されますので、ご親族等から援助を受けることができる場合は受けてください」との記載は明確に誤りとは言えなくても誤解を招く恐れが強い。	親族の扶養は可能な範囲の援助を行うもので、援助可能な親族がいることによって、生活保護の利用ができないということはないと明記。
相談のしやすさ ケースワーカーの役割や守秘義務があることが記載されているか。気軽に相談するよう呼びかけがあるか。	民生委員の守秘義務は記載されている。しかし、ワーカーについては説明もされていない。	ワーカーの守秘義務を説明。「遠慮なくご相談ください。個人の秘密は固く守りますのでご安心ください」と呼びかけている。

(3) 全国各地で「見てみよう、行ってみよう、聞いてみよう」運動を展開

この小田原市の改善は私たちにも元気を与えてくれました。小田原市という、素晴らしいお手本があります。生活保護問題対策全国会議の事務局で全国の点検をすることは物理的に困難なので、各地の支援団体などに、改善を求める運動を呼びかけています[2]（図3－2）。

その結果、たとえば京都では「反貧困ネットワーク京都」が京都府下の調査を行い、それが報道（2018年3月26日）されました。その後、そのチェックリストを活用して、京都新聞の記者が独自に滋賀県下のしおりの調査を行い、問題記述がある自治体を公表しました（同3月30日）。これはあくまで一例にすぎず、改善が必要な問題のある記述はいまだに各地にあります。問題の根は深いのです。各地での取り組みにより、生活保護の運用の改善を実現することが求められています。

図3－2

わたしのまちの生活保護 チェックポイント

生活保護制度は、誰もが「健康で文化的な最低限度の生活」をいとなむことができるよう、生活に困った人の命と暮らしを支える大切な制度です。

でも、残念なことに、生活保護制度には誤解や偏見がつきまとい、制度を利用できるはずの人のうち2割程度しか利用できていません。その原因のひとつには、政府や自治体の広報や窓口体制の不十分さがあります。

「わたしのまち」の生活保護は、生活に困った人、さまざまなしんどさを抱えている人にとって、優しく使いやすいものになっているでしょうか？

チェックして改善を求めてみましょう。

〈1〉見てみよう！

「保護のしおり」やホームページをチェックする

生活保護の利用を考える人が制度内容を知る手がかりとなるのが「保護のしおり」や自治体のホームページ。でも、中には誤った情報や誤解を招く記載があったり、必要な情報が記載されていなかったりします。

何をどのように記述するか、完璧を求めるのは難しい面もありますが、少なくとも誤った情報や誤解を招く記載はなくし、より良い内容となるようチェックしてみましょう。

手順①：切手を貼った返信用封筒を入れて、福祉事務所設置自治体に「保護のしおり」の送付を依頼する。

手順②：別紙チェックシートに基づいて「保護のしおり」やHPをチェックする

手順③：チェックの内容を福祉事務所設置自治体に還元し、是正を求める。

〈2〉行ってみよう！

▶ 窓口チェックQ1-Q6

生活保護の窓口は、相談に訪れた人にとって親切なものになっているか。窓口に行って確かめてみましょう。

■良い例（相談室に絵や観葉植物が飾っている、待合室に子ども用のおもちゃや絵本などが置いている等）

■悪い例（「STOP！不当要求」「不正受給は犯罪です」「監視カメラ作動中」などのポスターがこれ見よがしに貼ってある、監視カメラがある、「さすまた」がこれ見よがしに置いている等）

地方自治体

それぞれ写真を撮るなどして情報提供をお願いします。

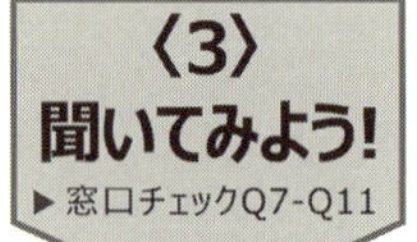

生活保護の窓口が親切できめ細かい対応がなかなかできない理由には、ケースワーカーの人員不足や専門性の不足があります。

あなたのまちの生活保護窓口の職員体制がどうなっているか、聞いてみましょう。

自治体への送付文例、質問事項、各チェックシートあり！

各地の取り組みにお役立てください！

生活保護問題対策全国会議　大阪市北区西天満3-14-16西天満パークビル３号館７階 あかり法律事務所　弁護士小久保哲郎
TEL06-6363-3310 FAX06-6363-332　http://seikatuhogotaisaku.blog.fc2.com/

◆各地での取組みの結果を集約します。当会までぜひ、取組情報をお寄せください。

2　専門職採用を進めるべき

(1) 法改正を待たないでも、自治体でできること

違法・不適切な保護のしおりが氾濫している、水際作戦という言葉に象徴される違法・不適切な生活保護の運用が絶えない、これには背景があります。それは、福祉事務所の実施体制が脆弱(ぜいじゃく)だということです。実施体制についての最大の問題点は、職員の質や量の担保ができていないことです。この改善抜きに、生活保護の権利性を高めることは難しいと考えています。

第2章で述べたように、けっして「社会福祉主事」任用のハードルは高くありません。にもかかわらず、現実には任用資格が無い職員が5分の1を占めており、ケースワーカーとしての資格がない職員がたくさん存在しているのです。

少なくとも、社会福祉主事の任用資格がない職員を配置することは法律に反します。これは法改正を待たずに自治体で解決しなければならないし、解決できる問題です。仮に、任用資格がない職員を配置したのなら、任用資格を早期に得られるような配慮をすべきでしょう。

本来、専門的な経験を蓄積し、生活保護の運用を法に基づいて正しく行える体制にするためには、社会福祉士、精神保健福祉士などの有資格者を含めた職員集団が構成されていることが望ましいのです。国家資格である「社会福祉士」を取得している職員は、つい10数年ほど前までは50人に1人程度でした。自治体での福祉職の採用が進む中、社会福祉士の資格保有率が向上し、現時点では6人に1人ほどになりました。少しずつ改善されているとはいえ、まだまだ不十分です。

社会福祉の増進に意欲をもつ福祉職の採用を進めるとともに、研修体制の充実、異動年限の考慮など、人事政策の見直しが、自治体には求められています。

自治体職員の総定数抑制という国の方針もあり、生活保護世帯の増加に職員の配置が全然追いついていません。多忙で、日常業務に追われ、利用者の相談を充分に聴き取ることもできないという現状を改善すべきです。慢性的な人員不足と過重労働、改善されない労働環境など厳しい状況の中、メンタルヘルス不全を起こす職員が多い実態の改善なしに、生存権の真の確立はできません。

(2) 福祉職の採用による変化

福祉職採用を積極的に取り入れている自治体の例として、大阪府堺市があり

ます。堺市は毎年10名程度の社会福祉専門職を採用しており、福祉事務所のケースワーカーも多くが専門職で構成されています。

業務改善や自主研究に積極的に取り組んでおり、2016年には、堺市の若手ケースワーカーらによる自主研究会が発端となり、市独自に市内の生活保護世帯の大学・専門学校生を対象に実態調査を行いました。調査の結果、進学によって世帯分離された保護世帯の学生たちの半数以上が、400万円を超える奨学金を借りていることが判明しました。多数の学生が、奨学金の返済に不安を感じ、経済的理由から学業継続が困難である、と感じていたのです。

これまで利用者と接していてケースワーカーがぼんやり肌で感じていたことが、実際の調査で裏付けされたことで、制度改善の必要性があることが説得力のある実証データとして世に出ることになったのです。この堺市の調査は国会でも取り上げられ、国は、同様の調査を全国で実施し、2018年からの生活保護世帯の大学等進学支援策（進学準備給付金、住宅扶助の減額取りやめ）にも影響を与えたと言われています（全国調査については、第2章Ⅱ－4(2)④参照）。

その後も、堺市では、若手ケースワーカーらが、保護世帯の中高生向けの冊

図３－３　堺市の中高生向け未来応援BOOK『ココから！』

大学や専門学校等に進学したい！

生活保護を受けながら大学や専門学校等に進学できるの？

世帯分離って？

奨学金等を受けながら大学や専門学校等に進学したら、世帯分離という取り扱いになるよ。世帯分離というのは、進学する子どもを生活保護世帯の対象からはずすこと。つまり、生活保護の対象からはずれてしまうから、自分の生活費や就学関係費は自分で賄わなければいけないんだ。世帯が生活保護から受け取るお金も少なく計算されるよ。
また、国民健康保険の加入と医療費の支払いも必要になるよ。20歳になったら国民年金の加入も必要だけど、学生納付特例制度の手続きをしたら納付を猶予できるんだ。

進学準備給付金について

大学等への進学時に一時金が支給されるよ。詳しくはケースワーカーに確認しよう！

対　象：平成30年4月以降に大学等に進学する者
支給額：自宅生（世帯分離対象者）　10万円
　　　　自宅外生　30万円

大学進学して世帯分離をすると実際にどれくらいのお金が必要なんだろう？

1年間で必要なお金と収入の目安だよ。

年間支出　約181万円

就学関係費 71%、日常費 14%、食費 7%、娯楽 5%、保健衛生費 3%

- 就学関係費　約128万円（授業料、その他の学校納付金、就学費課外活動費、通学費）
- 日常費　約26万円（通信費、嗜好、その他）
- 食費　約12万円
- 娯楽　約10万円
- 保健衛生費　約5万円

年間収入　約181万円

奨学金 70%、アルバイト 21%、家庭からの給付 7%、その他 2%

- 奨学金　約128万円
- アルバイト　約39万円
- 家庭からの給付　約12万円
- その他　約3万円

※(参考)平成28年度実施「堺市生活保護世帯の大学生等に対する生活実態調査」

7

出所：堺市ホームページ

子『ココから！』（図3－3）を作成し、進学時の奨学金制度や、世帯分離の運用や、中高生のアルバイト収入の取り扱いについてわかりやすく解説するなど、専門職集団ならではの独自の取り組みを続けています。生活保護制度を使いやすいものにするだけでなく、「社会を変える」（ソーシャル・アクション）をも意識した活動だといえるでしょう。

3　条例の制定――滋賀県野洲市「くらし支え合い条例」に学ぶ

一気に国の法律を変えることは簡単ではありませんが、読者の皆さんが暮らしている都道府県や市町村で、本書で提案している改正案の一部でも盛り込んだ条例を制定することも考えられます。

例えば、近江商人の教えである「売り手よし、買い手よし、世間よし」の三方よしの精神をもとに制定されたという、滋賀県野洲市の「くらし支え合い条例」（平成28年10月1日施行）は、とても参考になると思います。

この条例は、市への登録がなければ野洲市で訪問販売を行うことができないなど、消費者トラブルの防止の面でも先進的意義がありますが、生活困窮者への支援の観点からも画期的な内容を含んでいます 。

まず、この条例の23条は、（生活困窮者等の発見）として、「市は、その組織及び機能の全てを挙げて、生活困窮者等の発見に努めるものとする。」と、市の基本的姿勢を高らかに宣言しています。

また、24条1項は、「市は、生活困窮者等を発見したときは、その者の生活上の諸課題の解決及び生活再建を図るため、その者又は他の者からの相談に応じ、これらの者に対し、必要な情報の提供、助言その他の支援を行うものとする。」と規定し、本書でも提言している情報提供義務、助言義務を明記しています。

さらに、同条3項は、「市長は、生活困窮者等に公租公課の滞納があったときは、迅速かつ的確に野洲市債権管理条例による措置を講じ、その者の生活の安心の確保に努める（下線部筆者）ものとする。」としています。最近、住民税や国民健康保険料を滞納している世帯に対して自治体が財産の差押え（滞納処分）などの強硬手段に出る例が増えています。しかし、野洲市では、それとは逆に「ようこそ滞納くださいました！」を合言葉に、税や保険料の滞納を生活困窮者に対する支援の糸口と位置付け、取り組みを進めています。

そして、同条4項は、「第1項の支援は、生活、教育、就労その他生活困窮者等が必要とするもの全てについて総合的に行うため、(略)生活困窮者等の意思を尊重しつつ、必要に応じて関係する行政機関その他の関係者と協力し、生活困窮者自立支援法その他の関係法律による措置と適切に組み合わせて行わなければならない。」と規定し、生活上の諸課題に対する総合的支援を行うため、「タテ割り行政」を脱して自治体内外の機関連携を図ることを義務として明記しています。

読者の皆さんが暮らしておられる地域でも、こうした条例を制定する運動に取り組まれてはいかがでしょうか。

4　地方議会への請願・意見書採択運動

(1) 請願

「請願」とは、国民に認められた憲法上(第16条)の権利の一つで、国または地方公共団体の機関に対して意見や希望を述べることを言い、その手続等は請願法に定められています。地方議会に対する請願は、地方自治法及び各議会の会議規則に規定されており、提出には紹介議員を必要とします(地方自治法124条)。提出された請願は、所管委員会に審査を付託し(同法125条)、その審査の結果を本会議に報告し、議会としての採択、不採択の決定をします。採択した請願は、自治体首長その他の執行機関に送付するに当たって、議会から処理の経過及び結果の報告を請求することができ(同法125条)、議会、執行機関双方に実現への努力が要請されます。

(2) 陳情

陳情とは、請願と同じような性格を持ちますが、紹介議員を必要としないという違いがあり、また、請願のような法律上の根拠がないため、各議会において取り扱いが異なる場合があります。

(3) 意見書

地方議会は、地方公共団体の公益にかかわる事柄に関して、議会の議決に基づき、議会としての意見や希望を意見書として国会又は関係行政庁に提出することができます(地方自治法99条)。

市民等が意見書提出を求める請願を提出することもできます。これについては、(1)の請願の例により取り扱い、所管委員会等で採択された場合は、議員発議で意見書を提案し、議決することになります。また、「意見書提出を求める陳情」を行うことも可能で、(2)で述べたとおり議会によって取り扱いは異なりますが、所管委員会で協議調整のうえ本会議に議案として上程するかどうかが決められます。

(4) 意見書等採択運動の意義

意見書に法的拘束力はありませんが、住民代表である議会の総意として尊重されます。そこで、本書で提案しているような生活保護法や実施要領の改正などの提案を意見書の形で採択するよう、地方議会に請願又は陳情する取り組みを行うことにも大きな意義があります。

かつて、クレジット・サラ金被害が社会問題となっていた際、全国青年司法書士協議会（全青司）やクレジット・サラ金被害者の会などが中心になって、貸金業法抜本改正の地方議会意見書採択運動に取り組みました。一件また一件と意見書の採択を積み重ね、最終的には、全国47都道府県中43議会、1830市町村（東京都は区議会を含む）中1136議会での意見書採択を実現し、2006年12月の貸金業法の抜本改正に大きく寄与しました 。

生活保護の分野でも、2018年5月、日本社会福祉士会、日本精神保健福祉士協会、日本医療社会福祉協会、日本ソーシャルワーカー協会の4団体（日本ソーシャルワーカー連盟）が連携し、各地で都道府県議会や市議会などに対して「生活保護基準額引下げにかかる影響緩和への取り組みに関する陳情書」を提出する取り組みを始めました。こうした取り組みを継続し、発展させていくことが求められています。

注

1　小田原市の生活保護担当部署の職員が、「保護なめんな」などとプリントされた揃いのジャンパーを着て10年間も業務にあたっていたことが問題となった事件。詳しくは、生活保護問題対策全国会議編（2017）『「生活保護なめんな」ジャンパー事件から考える——絶望から生まれつつある希望』あけび書房を参照。

2　生活保護問題対策全国会議のHPに、取り組みに使えるチェックポイントや書式を掲載しています。「わたしのまちの生活保護チェックポイント」で検索してください。

コラム 「小田原ジャンパー事件」から見えたもの

2017年1月、テレビや新聞のニュースで、青いジャンパーの写真が映し出されました。そこには外国の特殊部隊をもじって、生活保護利用者を卑しめる言葉がアルファベットで書かれていました。

「生活保護なめんな」「われわれは正義だ」……。

小田原市では、このようなジャンパーが、あたかも生活保護のケースワーカーのユニフォームであるかのように、10年にわたって着用され、同じデザインでポロシャツやマグカップなどの小物グッズまでもが作成されていたのです。

ことの発端は10年前、生活保護利用者とケースワーカーとのトラブルでした。担当課のカウンター前で生活保護を打ち切られた男性が、刃物を振りまわした事件がきっかけです。

当時のケースワーカーらは、目の前で刃物を振り回されたショックから「我々ケースワーカーは一致団結して立ち直ろう」と考え、このジャンパーを作成したのです。元はと言えば、市側の対応が不適切だったために、怒った男性が刃物を振り回したのでしたが、当時、充分な知識が不足していたために、その不適切さに気づくこともなく、小田原市のケースワーカーは「我々は正義だ」と信じてきたのでした。さらに残念なことに、それから10年間、ジャンパー着用について誰も疑問に思うことも、止めることもなく続いてきた「伝統」でした。

これが不適切だという指摘を受け、市は即座にジャンパー着用を禁止し、謝罪会見を行いました。しかし、一連の内容がマスコミから報道されると、小田原市民に限らず、私の直接知っている仲間たちも含め、全国の生活保護利用者から深い憤りと嘆きの声が上がりました。「ケースワーカーは自分たち生活保護の利用者のことを「悪」だと思って見ていたのか」。この衝撃は、当事者にとって大変大きなものとなって全国に伝播しました。一体、何がこのような「伝統」につながっていたのか。みんなが知りたいと思っていました。

小田原市長はこの事態に強い危機感を抱き、「生活保護のあり方検討会」の設置を決断しました。驚いたことに、同年度内に一定の提言を受け、新年度からすぐさま改革に臨もうという意気込みでした。

事件発覚は1月16日、その後、検討委員の選定、日程調整など猛スピードで準備は進められ、第一回生活保護行政のあり方検討会は2月28日に開催されました。それから、3月末までに計4回の在り方委員会が実施されました。

私は「元」がつきますが、学者でも専門家でもない当事者という立場から、生活保護の世界ではどうやら「初の」検討委員となりました。本来は「元」ではなく、現役の利用者が選定されるべきという気持ちは強くありましたが、せっかくかかったお声をここで断れば、次はいつこのようなチャンスが訪れるかわかりません。閉ざされていたドアを開ける役。そんなつもりで、意を決して検討委員を引き受けることにしました。

生活保護利用者の多くは、行政に対して好意的な感情を抱いていません。それだけ厳しい対応を多くの人たちが経験してきているからです。私自身も、よい感情は持っていませんでした。この検討委員会でも、きっと偉い先生たちの意見の最後に「お客さん」として発言を促され、意見はさらりと受け流されていくに違いないと心の隅で思っていました。

ところが、小田原市のあり方検討委員会の対応は、私のうがった見方を根底から覆すものでした。著名な大学の教授や専門家の意見と全く同じように、私に発言を促し、真摯に耳を傾け、改善の実践へとつなげていってくれたのです。

代表的な改善は「保護のしおり」。当初は、あれはダメ、これはダメ……という注意書きばかり目立った管理のための「保護のしおり」は、あっという間にカラーイラストの入ったルビ付きの、「人にやさしい」しおりに大改訂されました。

「受給者」という言葉も消え、市内のすべての制度について主体性を持った「利用者」という言葉が使われるようになりました。市民の目線、利用者の目線でものを見る……そのことに開眼した職員による、生活保護行政に留まらない行政の大改革と言えるでしょう。

小田原市の取り組みが、「行政なんて変わるはずなんてない」と頑なに思っていた私の不信感を見る見るうちに払拭していきました。気がつけば、意識改革をされていたのは、不信感でいっぱいの検討員だった私の方でした。

「保護行政は変えられる！」それは、相互の忌憚のない意見のぶつかり合いと、信頼を育む中で成し遂げられていくものです。批判と不信を乗り越え、共に為すべきことを見出した時、きっと未来は変わるのだと確信しています。

和久井みちる（小田原市「生活保護行政のあり方検討会」委員・元生活保護利用者）

第4章
先進諸外国の公的扶助・社会扶助

本章では、日本を含む先進７か国の生活保護制度(公的扶助、社会扶助と呼ばれています)を、各国の実情に詳しい研究者が最新情報をもとに紹介します。本章を見ていただければ、日本の生活保護制度の実情は、世界標準からは大きく遅れ、その利用が制限されていること、貧困者を救済するという本来の役割を発揮できていないことがわかります。すなわち、貧困率が高い(高い方から２位)にもかかわらず、保護率は低く(低い方から３位)、また、捕捉率は最下位、生活保護についての財政支出も低い方から２位です。その原因は、先進諸外国と異なり、預貯金と自動車の保有を基本的に認めないという厳しい制限や、あまりに広い扶養義務、制度を周知しようとしない国や自治体の姿勢などにあることが明らかです。こうした生活保護制度を先進国並みに改革していくことは喫緊の課題です。

貧困・公的扶助主要指標の各国比較概要

国	①相対的貧困率	②保護率(利用率)	捕捉率(②／①)	③貯金(保有限度額) ④自動車	扶養義務	公的扶助給付額対GDP比
ドイツ	9.5%	9.5%	100%	③3,100～9,900ユーロ ④働ける場合は可	未婚の未成年(18歳未満)子に対する実親の扶養義務が中心	1.13%
フランス	8.0%	10.6%	139.4%	③問わない ④既に保有している自動車は可	配偶者間(同性・異性を問わない事実婚を含む) 未成年(18歳未満)の子に対する父母	1.17%
スウェーデン	9.2%	4.2%	47.8%	③特になし ④業務上又は生活上で必要な一定の場合は可	配偶者間及び未成年(18歳未満)又は就学中は21歳未満の子に対する父母	2.3%

国	①相対的貧困率	②保護率（利用率）	捕捉率（②／①）	③貯金（保有限度額）④自動車	扶養義務	公的扶助給付額対GDP比
イギリス	10.9%	0.67%～6.74%	61.8%（住宅手当）	③16,000ポンド ④可	配偶者間 未成年の子に対する親の義務	3.38%
アメリカ	16.8%	TANF：1.0% SNAP：12.9% SSI：2.5%	76.7%（SNAP）（アメリカ貧困基準ではTANF：32.4% SNAP：87.2%、SSI：64.1%）	③TANF：基本的に州によって異なるが2,000ドルほどの州が多い。 ④ TANF：世帯のすべての車・大人の人数分・運転免許証所持者数の所有を認める（17州）、世帯で1台のみ認める（10州）。	多くの州では、夫婦間および未成年の子に対する義務	TANF：0.166% SNAP：0.351% SSI：0.288%
韓　国	13.8%	3.2%	23.2%	それぞれ規定の計算方式に基づき所得に換算し、所得認定額に含める。財産の場合、大都市では5,400万ウォンを超える金額に所得換算率をかけて所得に換算される（借金がある場合これも差し引かれる）。	①夫婦間、②1親等の直系血族・1親等の直系血族の配偶者（未成年子に対する父母を含む）	0.30%
日　本	15.6%	1.68%	10.8%（生活保護基準比は22.9%）	③貯蓄は原則収入認定 ④障害者等除き原則不可	扶養義務者は、配偶者間、親子間、兄弟姉妹間、及び家裁が扶養義務を認めた3親等内の親族	0.66%（生活保護費総額） 0.21%（生活扶助費のみ）

注：イギリス、アメリカの捕捉率は最高値の制度。GDP比は各国の公的扶助給付額（アメリカは制度毎）を各国GDPで除したもの。

参考：通貨レート
アメリカ　　1ドル（$）＝110円
イギリス　　1ポンド（£）＝155円
ドイツ、フランス　　1ユーロ（€）＝122円
スウェーデン　　1クローネ（SEK）＝13円
韓国　　1,000ウォン（WONG）＝95円

出所：財務省　出納官吏事務規程第14条及び第16条に規定する外国貨幣換算率を定める等の件（平成29年4月1日適用）より作成。

Ⅰ　日本

1　基準となる指標

国名	日本
①人口	1億2,671万4千人(2017年11月、総務省統計局)
②公的(社会)扶助の利用者数	212万5,317人(2017年10月)
③利用率 (利用者数／人口)	1.68% (2017年10月)
④捕捉率	○利用率③／貧困率⑤＝10.7% ○22.9～28.3% (収入比較：最低生活費未満世帯のうち生活保護利用世帯の率) 43.7～87.0% (収入＋資産も一定考慮：最低生活費未満かつ預貯金1か月未満のうち生活保護利用世帯) 厚生労働省「生活保護基準未満の低所得世帯数の推計について」(2016年)
⑤相対的貧困率	15.6% (2015年)
⑥公的扶助の財政支出の対GDP比	0.66% (生活保護費総額)、0.21% (生活扶助費のみ) 注：厚労省生活保護費負担金事業実績報告より。GDPは、2016年度556兆2,809億円〔内閣府資料〕。

2　公的（社会）扶助法

①名称	生活保護法
②保障水準	80,310円(40歳単身) ／ 160,110円(33歳、29歳、4歳) いずれも2017年度生活扶助額(1級地の1。冬季加算、児童養育加算込み)。ただし2018年10月から引下げ見込み。
③広報義務・教示義務の法定の有無とその内容	なし
④扶養義務(者)の扱い、範囲	○扶養は保護の要件ではなく保護開始後の収入認定上の優先事項に過ぎない。 ○扶養義務者は、配偶者間、親子間、兄弟姉妹間及びその他、家裁が扶養義務を認めた3親等内の親族。 ○扶養の程度は、強い扶養義務(親の未成熟子〔中学3年以下への義務、配偶者相互間)は最低生活費を超える部分。弱い扶養義務(強い扶養義務以外)は扶養義務者がその者にふさわしい社会生活を送った上で余裕の範囲。
⑤生活保護基準の決定権者	厚生労働大臣
⑥基準算定にあたっての専門機関の有無と位置づけ(法定の内容など)	社会保障審議会生活保護基準部会において、生活保護基準について、5年に1度実施される全国消費実態調査の特別集計データ等を用いて、専門的かつ客観的に評価・検証を実施する。厚生労働大臣が部会の専門的評価・検証を尊重する義務については法律上明記されていない。

⑦生活保護基準の決定にあたっての要考慮事項(あるいは不可考慮事項)	○考慮事項は、「要保護者の年齢別、性別、世帯構成別、所在地域別その他保護の種類に応じて必要な事情」(生活保護法８条) ○具体的方式は、消費水準均衡方式(一般世帯の消費水準の60%達成が求められているが、実態としては下位10%との比較となっている)。

3　公的扶助の具体的運用

①資産の限度額	貯蓄は原則は収入認定(生活保護が必要と判定された世帯の開始月における支給額の算定にあたっては、最低生活費の半月分までの貯蓄は収入とみなさない取扱い)。保護開始後は保護の趣旨目的に反しない保護費の累積金は容認。
②自動車保有の扱い	原則は否認。ただし、障害者等の通院、通所、就労目的、事業用、保護開始後１年以内に自立見込みの場合等には保有を容認。
③稼働能力(労働要件)の扱い	稼働能力は保護の要件。その判定は、①稼働能力の有無、②その能力を活用する意思の有無、③実際に稼働能力を活用する就労の場の有無により判断。稼働能力活用が不十分と見做されると、指導指示の上、保護の低廃止などの不利益処分が課される場合がある。
④期限の有無とその場合の条件	期限はない。
⑤大学進学の扱い	大学就学者は、世帯分離され保護から除外。ただし、2018年度から、進学時に準備金を支給(自宅生10万円、自宅外生30万円)。また世帯分離による住宅扶助の減額を止めた。
⑥その他劣等処遇の有無	保護利用者はジェネリック医薬品の使用を原則とする(2018年10月から)。

4　公的扶助の実施体制

①ソーシャルワーカー(ケースワーカー)の資格要件、資質(専門性)	社会福祉主事(社会福祉法19条、大学において社会福祉に関する科目を3科目履修した者等)
②持ちケース数(人員体制)の定めの有無と内容	標準配置数として、市部80世帯、町村部65世帯に1ケースワーカーを配置(社会福祉法16条)。ただし充足率は90.4% (2016年)。

5　その他特記事項

○生活保護基準額は、2013年(生活扶助)、2015年(住宅扶助、冬季加算)、2018年(生活扶助)と連続的に引き下げられている。
○資産要件(貯蓄、自動車の否認)が厳しい上、水際作戦も根強いため、保護率、捕捉率とも低い水準にとどまっている。
○ケースワーカーが充足されていないこと、資格が不十分なこと、人事異動も２～３年が多く、専門性の確保が課題となっている。

(吉永 純)

Ⅱ ドイツ

1 基準となる指標

国名	ドイツ連邦共和国
①人口	8,252万人(2016年12月31日時点)
②公的(社会)扶助の利用者数	総数786万人(2016年) 【内訳】 ①第2編(求職者基礎保障):597万人　＊稼働世帯向け 〔さらに内訳〕 ・失業手当II:432万人　＊稼得能力ある要扶助者(本人) ・社会手当:165万人　＊稼得能力のない家族 ②第12編(社会扶助):115万人　＊非稼働世帯向け 〔さらに内訳〕 ・生計扶助:13万人　＊その他の類型 ・基礎保障:102万人　＊高齢者、重度障害者 ③庇護申請者給付法　72万人　＊難民 注:稼働能力の有無は1日3時間の就労が可能かどうかによって区分される。
③利用率 (利用者数/人口)	9.5%
④捕捉率	100%。ただし実際には貧困者を完全には捕捉できているわけではない(高齢者の隠れた貧困や、制度間で適用がずれている場合など)ため、実際の捕捉率は60%から80%の間と思われる。
⑤相対的貧困率	9.5%(2014) 出所:OECD Income Distribution and Poverty(2018/03/12確認)
⑥公的扶助の財政支出の対GDP比	2017年予算における連邦負担:第2編の各種給付(失業手当II、社会手当、住居費給付など)275億ユーロ、第12編(基礎保障部分)と難民71億ユーロ。地方が一部負担する第2編の住居費部分(だいたい6割前後)および第12編(生計扶助部分)の総額は不明だが、連邦負担だけ(346億ユーロ)でカウントすると、ドル建て名目でGDPが3兆6,518億ドルある(2017年10月)ことから、仮に1ユーロ1.2ドルとした場合、1.13パーセントとなる。

2 公的(社会)扶助法

①名称	求職者基礎保障(社会法典第2編) 社会扶助(社会法典第12編)
②保障水準	成人単身/一般世帯(標準3人家族) 生活扶助部分(2018年基準) ・成人単身:416ユーロ/月 ・一般世帯(標準3人家族):1,044ユーロ/月(子供が6歳以上～14歳未満の場合:これに、住居費および暖房費が加わる(原則として実費))。
③広報義務・教示義務の法定の有無とその内容	社会法典第1編に規定 啓発義務(第13条) 助言・相談を受ける権利(第14条) 情報提供義務(第15条)

④扶養義務(者)の扱い、範囲	扶養義務そのものは民法典に規定(中心となるのは、未婚の未成年(18歳未満)子に対する実親の扶養義務)：扶養が公的扶助に優先するのは日本と同様、ただし扶助開始要件ではない(特殊な類型の扶助(第12編に基づく高齢者重度障害者基礎保障)では、収入が10万ユーロを超えない限り、扶養請求権は考慮外となる)：扶助が先行して実施された場合、請求権移転の方式により、実施機関に扶養請求権を移す処理がとられる。
⑤生活保護基準の決定権者	2011年以降、国会制定法に基づいて決定されている。それより前は、管轄する連邦省の命令で定められていた(いわゆる連邦憲法裁判所基準額違憲判決を受けた方式変更)。
⑥基準算定にあたっての専門機関の有無と位置づけ(法定の内容など)	特別の機関は法定されていない；実質的な作業は、連邦労働社会省内部で行われていると思われる(算出のプロセスは法案において明らかにされ、議会で審議される)。
⑦生活保護基準の決定にあたっての要考慮事項(あるいは不可考慮事項)	○2011年以降、法律(基準需要算出法※)で基準額は直接定められ、また物価および賃金インデックスを参照して改定される仕組みになっている。※全訳は『賃金と社会保障』№1539：p.27に掲載。 ○基準額が保障する「必要な生計費」として、「食事、住居、被服、身体衛生、家具、暖房および給湯の生ずる部分を除く世帯エネルギー、日常生活上の個人的需要」が例示されている(基準需要)。すなわち、これらの需要項目を充足できるように基準額は算出されなければならない。具体的には、 ①成人単身世帯 ②夫婦および未成年子一人の世帯 ごとに、子どもの年齢に応じて、計4パターンの基準額が算出される。連邦レベルで行われる所得消費抽出調査という行政調査の結果をもとに、データから最低生活保障給付受給者を除いたうえで、①の類型は下位15パーセント、②の類型は下位20パーセントを、それぞれ参照世帯として用いる。なお、基準需要に該当する支出を取り出して合算する。

3　公的扶助の具体的運用

①資産の限度額	第2編(求職者基礎保障)で説明すると、 ・成人：1歳ごとに150ユーロ、最小で3,100ユーロ、最大で9,900ユーロ ・子ども：3,100ユーロ という限度額の計算式がある。例えば夫婦(夫婦とも40歳ちょうど)および未成年子一人(14歳)の世帯の場合、計15,100ユーロまでの資産は保有が容認される。世帯類型や生年によって計算が異なる場合がある。
②自動車保有の扱い	第2編(求職者基礎保障)では保有が容認される。第12編(社会扶助)では原則として保有不可。
③稼働能力(労働要件)の扱い	第2編(求職者基礎保障)では、稼得可能であることが受給の要件となる(稼得不能だと第12編(社会扶助)が適用されることと平仄を合わせている)。稼得能力を活用することは保護開始要件ではないが、受給開始後、期待可能な(＝その仕事に就くことが可能だと思われる)労働に就くことを合理的理由なく拒否した場合、制裁が発動される(初回30%カット、違反を繰り返した場合最高で100%カット)。
④期限の有無とその場合の条件	実質的には期限はない(要扶助性が継続する限りは給付される)。

⑤大学進学の扱い	ドイツでは大学は原則として無料であり、高校卒業兼大学入学資格試験(アビトゥーア)に合格していれば、基本的に希望する大学に入れる。なお、被保護世帯クラスの収入であれば、進学した場合に給付制奨学金が支給されるのが普通であり、その場合、奨学金で生活ができるとみなされ、最低生活保障制度からは外れるのが原則となる。実際上、低所得世帯の場合、アビトゥーアを取得できる高校に進学するのが厳しく、その他の類型の中等教育機関に進むと、16歳前後から労働市場に出ていくことになる。実際の制裁で多いのは、こうした若年者の稼得能力不活用である。そうしたケースでは、就労支援や日常生活支援に関わる援助組織へのつなぎといった社会資源の利用により、職業教育、資格取得やいわゆる保護雇用のような方途が多く選択される。
⑥その他劣等処遇の有無	かつては賃金格差原則が法定されていたが、現在、明示されているものは存在しない。むしろ逆に、交通機関や公共施設の利用において優遇されることがある。それに対する市民の「やっかみ」も、そこまでは強くないものと思われる。

4　公的扶助の実施体制

①ソーシャルワーカー(ケースワーカー)の資格要件、資質(専門性)	ながらく社会扶助は基礎自治体の任務であり、保護費だけでなく人件費も含めてすべて自治体が負担してきた。ソーシャルワークの分野に限らず、ドイツの公務員は専門性がすべての前提にあり、ゼネラリスト思考は基本的にない。福祉職としてのケースワーカーに採用されるのは、主として、高等教育機関(のうち、博士号を出さない大学(ホッホシューレ(Hochschule)))で福祉系の課程を修めた者。従って専門性は一般的に高く、異動が基本的にないので継続性もある。
②持ちケース数(人員体制)の定めの有無と内容	他方、第2編(求職者基礎保障)が導入され、日本でいうハローワークと福祉事務所がコングロマリットになった実施形態が導入された(保護費の負担も連邦に多く付け替えられた)。業務の簡素化が同時に図られた影響で、面接担当者1人対200ケース、というのが実質的に標準数となっている。日本の感覚では当然さばききれないが、実際の支援業務は民間を含む社会団体が多くを担っており、そこへのつなぎの窓口という側面がある。

5　その他特記事項

○ドイツでも最低生活保障制度に対するスティグマはあり、度重なる制度変更によって、スティグマの払拭を図ってきた(恩恵的な響きのある「保護(Fürsorge)」→戦後憲法秩序を受けた「社会扶助(Sozialhilfe)」(直訳するとソーシャルヘルプ)→より一般的名称に近い「基礎保障(Grundsicherung)」(直訳するとベーシックセキュリティ))。

○基本となる生活扶助額(基準額)も、2005年から引き上げが続いている。2018年には416ユーロ／月となり、2005年比(345ユーロ)で20%超上昇している。

○ドイツでの不服申立(異議申立)と裁判の件数、それぞれの認容率等は下記の通り。日本と比べ件数が桁違いに多く、請求が認められる認容率(下記網掛け部分)の高さが特徴である。

〔新受件数(年)〕

年	2013	2014	2015	2016	2017
異議申立	688,850	677,092	629,191	647,973	639,138
訴訟	134,570	131,816	117,598	114,918	111,562
仮の権利保護	32,796	34,325	32,218	29,851	26,846

〔結果　2018年3月中に処理されたもの〕

・異議申立数(%)

総数	認容	一部認容	棄却・却下	その他の処理・取り下げ
54,689（100%）	**14,991（27%）**	**4,122（8%）**	30,043（55%）	5,187（9%）

・訴訟件数(%)

総数	判決・決定による棄却・却下	その他の処理（訴えの取下げ）	認容・一部認容等
9,573（100%）	1,224（13%）	4,439（46%）	3,880（41%）

☞認容・一部認容等の内訳

総数	認容	一部認容	実施機関が請求認諾	実施機関が請求一部認諾
3,880（100%）	639（16%）	197（5%）	1,703（44%）	1,340（35%）

（嶋田 佳広）

Ⅲ フランス

1 基準となる指標

国名	フランス
①人口	6,619万人(2015年1月1日)
②公的(社会)扶助の利用者数	(2015年1月) ・積極的連帯所得(RSA)・基礎RSA利用者： 1,945,900人 (その配偶者および扶養家族を加えた人口： 4,797,000人) ・成人障害者手当(AAH)利用者： 1,062,300人 ・老齢ミニマム(ASV,ASPA)利用者： 554,400人 ・特別連帯手当＝失業扶助(ASS)利用者： 472,700人 ・その他5手当(ASI,RSO,AV,AER-R,ATA)利用者： 113,800人 ・合計： 4,149,100人 (配偶者および扶養家族を加えた人口： 7,000,200人) ＊18～24歳の若者には、一定期間の就労経験を条件に支給される若者RSAがある。また、経済的に困難な若者は、若者援助基金(社会扶助ではない)から、生活資金の提供を受けることができる。 ＊RSAには、①基礎RSA単給、②基礎RSAと就労RSAの併給、③就労RSA単給の3つがある。このうち、③は、ワーキングプアへの賃金補助として、就労所得が基礎RSA支給限度所得額(下限)を上回るが任意の保障所得限度額(上限)までの場合に支給されるものである。
③利用率 (利用者数／人口)	(2015年) 10.6% なお、世帯でみると、14.4%(総世帯数28,765,900世帯)
④捕捉率	(2015年) ・閾値 所得中央値の60%：78.9%(7,000千人/8,875千人) ・閾値 所得中央値の50%：139.4%(7,000千人/5,020千人)
⑤相対的貧困率	(2015年) ・閾値 所得中央値の60%：14.2%、8,875千人 ・閾値 所得中央値の50%： 8.0%、5,020千人
⑥公的扶助の財政支出の対GDP比	(2015年) 9つの社会ミニマム(最低所得保障) 支出総額：256億5千万ユーロ ・1.17%：名目GDP 21,942億4千ユーロ ・1.22%：実質GDP 20,971億7千ユーロ ＊公的扶助受給者が受給できる他の制度に、普遍的医療保障、家族給付、住宅援助、雇用復帰手当、自治体による任意の社会扶助もある。これらの中には、経済的な困難を抱える者に限定しない制度が含まれていることから、総額を明示できない。

2 公的(社会)扶助法

①名称	・老齢ミニマム(ASV,ASPA) 1956年創設。 ◇ASV老齢補足手当 1956年創設。 ◇ASPA 高齢者補足手当 ASVを引き継いで2007年創設。 ・成人障害者手当(AAH) 1975年成立。 ・特別連帯手当＝失業扶助(ASS) 1984年創設。

<table>
<tr><td></td><td>・積極的連帯所得(RSA)　2008年創設。
◇なお、これの前身にあたる参入最低所得(RMI)は、1988年に創設(Loi° 88-1088 du 1 décembre 1988 relative au revenu minimum d'insertion)。
◇2009年にRSAに統合されたひとり親手当API（末子が3歳未満である親に支給される手当)は、1976年創設。</td></tr>
<tr><td>②保障水準</td><td>○RSA以外の社会扶助(一人当たり支給額)
・AAH：　800.45ユーロ
・老齢ミニマム：800.00ユーロ
・ASS：　494.27ユーロ
○RSAの給付額基準の設定は成人単身者についてなされる。基礎RSA支給額は、それを基準として、世帯構成と就労所得に応じて展開される。就労収入のある者は、基礎RSA支給額は減額されるが、就労RSA（就労所得の38%)が支給される。
○基礎RSA単給(就労所得なし)給付額
<table>
<tr><th></th><th>住宅手当
なしの場合</th><th>別途、住宅手当
ありの場合</th></tr>
<tr><td>成人単身者</td><td>514ユーロ</td><td>452ユーロ</td></tr>
<tr><td>カップル世帯(「1+0.5」人)</td><td>771ユーロ</td><td>647ユーロ</td></tr>
<tr><td>「カップル＋子１人」世帯
(「1＋0.5＋0.3」人)</td><td>925ユーロ</td><td>772ユーロ</td></tr>
</table>
・別途住宅手当が出る場合は、RSA支給額は、住宅手当控除が差し引かれる。したがって、実給付額は、
◇成人単身者：452ユーロ＋住宅手当－住宅手当控除額
◇「カップル＋子１人」世帯：772ユーロ＋住宅手当－住宅手当控除額＋家族手当
◇末子３歳未満の子をもつひとり親：「成人単身者＋子ども」世帯給付額から加算あり　452ユーロ×(1＋0.5)＋加算＋住宅手当
○基礎RSAと就労RSAの併給(就労所得あり)の場合の給付額
・基礎RSA(一定の減額あり)に加えて就労RSAが支給される。
給付額＝減額された基準額＋世帯員全員の就労所得の38%
・実支給額は
◇成人単身者：減額された基準額＋就労所得の38%＋住宅手当－住宅手当控除額
◇「カップル＋子１人」世帯：減額された基準額×(1+0.5+0.3)＋就労所得の38%＋住宅手当－住宅手当控除額＋家族手当
○社会ミニマム以外の支援制度(付帯権利)
・国：普遍的医療制度、住宅援助、家族給付、奨学金、税免除など
・自治体の付帯権利：食糧援助、交通費減額、公共施設利用料減額など
○就労RSA単給
就労所得が一定額に達すると、基礎RSA受給から退出することになる。しかし、その後は、申請をすれば、収入額が法定最低賃金額とほぼ同額になるまで、賃金補助として就労RSAが支給される。</td></tr>
<tr><td>③広報義務・教示義務の法定の有無とその内容</td><td>法律の条文には、広報義務・教示義務に触れたものはない。しかし、政府の連帯・健康省、地方自治体、手当支給を担当する家族手当基金(CAF)、雇用局(Pole Emploi)などのホームページならびに冊子を使って、広く広報を行っている(参考：パリのパンフレット)。</td></tr>
</table>

④扶養義務(者)の扱い、範囲	配偶者間(パックス(同性・異性を問わない事実婚)を含む) 未成年(18歳未満)の子に対する父母 なお、ASSは、当事者の過去の就労経験と失業に基づいた給付であることから、扶養義務という扱いはない。
⑤生活保護基準の決定権者	政府、連帯・健康省
⑥基準算定にあたっての専門機関の有無と位置づけ(法定の内容など)	基準策定の専門機関はない。しかし、貧困と社会的排除に対する様々な政策について政府から諮問を受け提案を行う機関として、「貧困・社会的排除との闘いに向けた政策全国評議会(CNLE)」が、1988年のRMI創設とともに設置された。また、これと連携して、これらの問題を調査研究する政府機関として、「貧困と社会的排除 国立観測機構」(ONPES、1998年創設)がある。
⑦生活保護基準の決定にあたっての要考慮事項(あるいは不可考慮事項)	1988年のRMI制度創設時の基準設定では法定最低賃金額の50%として設定された。 その後RSA創設当時までは、消費物価スライドによって改定された。 2013年以降は消費物価スライドと政府による裁量的引き上げが実施された。

3　公的扶助の具体的運用

①資産の限度額	原則として、資産の保有状況は問わない。ただし、資産を活用して得た収入は、収入認定される。
②自動車保有の扱い	資産の保有を問わないことから、すでに自動車を保有している場合、認められる。
③稼働能力(労働要件)の扱い	老齢ミニマムは年齢要件、AAHは稼働能力がない、あるいは低いことを要件とする。ASSは、失業保険給付受給期間(2年間)が満了し、求職活動を行っていることを要件とする。 RSAの利用は顕在的あるいは潜在的な稼働能力を持つ者が対象となる。基礎RSA利用は、申請時の直近3か月間の世帯収入が最低保障所得額に満たないことのみを条件に受給が決まる。その後、アセスメントを踏まえて、すぐに就労可能かどうかによって職業参入支援グループ、社会的参入支援グループ、支援未定グループの3グループにふるい分けられるが、こうした参入支援は、支援を受ける当事者にとっては権利であるとともに義務であると位置付けられ、また行政側は伴走型参入支援が義務とされている。 職業参入支援グループにふるい分けられた者は、ケースワーカーと就労支援員(雇用局からの派遣職員)による伴走型支援を通して雇用アクセス個別計画を作成し、最長2年間の雇用復帰に向けた支援(様々なサービス、助言、職業訓練、社会的企業での就労体験など)を受け、収入が発生する場合には基礎RSAと就労RSAの併給となる。なお、この計画の策定を拒否する者については説得を行うこととされており、社会参入支援への変更もあり得るが、これも拒否する場合はRSA支給の停止を決定することもある。 深刻な社会的あるいは心身に問題を抱え職業参入には程遠い人は社会的参入支援グループにふるい分けられ、12か月の職業的参入の阻害要因の解決に取り組むが、必要に応じて延長される。 また、その中間にあって、比較的軽い社会的課題を抱える人たちは進路未決定グループに振り分けられ、彼らは、最長15か月の継続的なアセスメントを踏まえて、いずれかのコースへの振り分けをした後、それぞれの支援を受ける。

④期限の有無とその場合の条件	ASS受給者については、原則6か月の期限がある。ただし更新可能であるため、実質的に60歳まで無期限。 基礎RSAにおいて、社会参入支援は、職業参入支援への移行をめざすものであるため、期限はない。他方、職業参入コースに入った者が社会的企業などで就労体験等の支援を受けた場合、期限は最長2年に限定されている。 雇用局は、一般企業への就職が可能とみなされた者の就職斡旋を担当し、当事者の資格・経験の尊重、自宅から通勤1時間以内であることといった「適正な」就職先紹介を義務付けらえている。他方、RSA受給者は、この「適正な」紹介を2回以上拒否した時は、RSA支給を打ち切られることになる。
⑤大学進学の扱い	バカロレア(高校卒業資格＝大学入学資格)を取得すれば、大学進学は可能であり、大学授業料は無料である。 18歳までの子どもが扶養義務の対象となることから、特別な扱いはない。
⑥その他劣等処遇の有無	なし

4　公的扶助の実施体制

①ソーシャルワーカー(ケースワーカー)の資格要件、資質(専門性)	フランスでは、ソーシャルワーカー（assistant social)になるための資格は、専門学校や大学において3年間の職業専門資格コースを修了し、Bac+3の資格を取得することとなっている。
②持ちケース数(人員体制)の定めの有無と内容	不明

5　その他特記事項

フランスでは、稼働能力を持つ者に対する社会扶助制度は、比較的新しい。1988年の参入最低所得(RMI)から始まり、これは、ひとり親手当(API、1976年創設)と一体となり、2009年にRSAに転換した。

新たな制度では、基礎RSA受給者が就労した場合、総所得が増え続ける仕組みへと変更された。また、所得に応じて公共施設利用などの公共料金や交通費、税金等において支援が受けられる。さらに、就労支援の充実も図られ、雇用に就くまでの就労体験・職業訓練、職業計画の策定、住宅支援や保健医療等の総合的サポートが実施されている。

また、RSAでは、ワーキングプア層への所得保障の充実を図ることを目的に、給付付き税額控除の考え方に基づく賃金補助制度、就労RSAが創設された。

（福原　宏幸）

RSA（パリ)のパンフレット

Ⅳ　スウェーデン

1　基準となる指標

国名	スウェーデン
①人口	1,002万人(2017年3月)
②公的(社会)扶助の利用者数	41万人(409，860人)（2016年）
③利用率 (利用者数／人口)	4.2%（2017年）
④捕捉率	47.8%（2015年） (経済的援助受給率4.4%÷相対的貧困率9.2%) ※相対的貧困率は⑤を使用。
⑤相対的貧困率	9.2%（2015） 出所：OECD Income Distribution and Poverty（2018/03/12確認）
⑥公的扶助の財政支出の対GDP比	約2.3%（2016年） (経済的援助支出1,050億クローネ(SEK)（=115.5億ドル）÷GDP5,114億ドル) 出所：Socialstyrelsen（2017）Statistik om ekonomiskt bistånd 2016. GDPは外務省HP（「スウェーデン王国基礎データ」)より。

2　公的（社会）扶助法

①名称	社会サービス法(SoL)に基づく経済的援助
②保障水準	①「生計費援助」（a 国が毎年定める全国基準額と、b それ以外の適切な生活に必要な額)と、②個別の必要性に応じた「その他の生活費」から構成される。 ・成人2人と子(4歳)の世帯：7,790クローネ(2018年、約93,480円)（上記①a)の額。これに①bに相当する住居費、電気代、通勤費、住宅保険料、労働組合費及び失業保険料に対する適当な金額が支給される。必要に応じて、②として歯科医療費、医療費、薬代、眼鏡、家具の購入費用等が支給される。 ・成人単身世帯：3,030クローネ(2018年、約36,360円)（68歳単身世帯。①b、②については上記と同じ)
③広報義務・教示義務の法定の有無とその内容	社会サービス法では、コミューンの社会福祉当局(社会委員会等)の一般的義務として、コミューンの社会サービスに関する広報義務と情報提供義務が定められている(SoL3章1条・4条)。 また、申請者などの案件の当事者には、案件に関連する情報提供を受ける権利とこれに対応する社会委員会の義務が規定されている(SoL11章8条、FL16、17条)。
④扶養義務(者)の扱い、範囲	配偶者間及び未成年(18歳未満)又は就学中は21歳未満の子に対する父母
⑤生活保護基準の決定権者	政府が全国基準額を決定する。社会庁がガイドラインを示している。

⑥基準算定にあたっての専門機関の有無と位置づけ(法定の内容など)	全国基準額は、消費者庁による消費支出調査を基礎として算定する。
⑦生活保護基準の決定にあたっての要考慮事項(あるいは不可考慮事項)	・「全国基準」には、食費、衣料及び靴、レクリエーション及び余暇、消耗品費、保健衛生費、日刊紙・電話・テレビ料金が含まれる。これらは世帯類型別の基礎消費額を基に、毎年、全国一律の基準額が算定される。 ・全国基準に含まれない「それ以外の適切な生活に必要な額」として住居費、電気代、通勤費、住宅保険料、労働組合費及び失業保険料が含まれる。これらは適当な額の範囲内で実費が支給される。 ・さらに、個別の必要性に応じて「その他の生活費」が上乗せされる。

3　公的扶助の具体的運用

①資産の限度額	特になし
②自動車保有の扱い	自動車の保有は、以下のような場合に許される。①業務上で必要な場合、②公共交通が不便である等のため、通勤や通院、日中活動への移動のために必要な場合、③子どもの保育所等への送迎に必要な場合、④医学的または社会的理由(例えば、子が実親との面会交流をするため等)から必要な場合、⑤近親者から暴力・虐待を受ける危険性がある場合など。 出所：Socialstyrelsen (2013), *Ekonomiskt bistånd: Handbok för Socialtjänsten.*
③稼働能力(労働要件)の扱い	労働能力がある場合は、公共職業紹介所に求職者登録し、仕事を探す義務がある。同義務には、紹介された適切な就労に就くこと又は職業教育・実習等の労働市場政策プログラムに参加することも含まれる。 個人の状況に応じて、社会委員会は公共職業紹介所と協議の上、職業実習その他の能力向上事業への参加を経済的援助の支給要件として課すことができる。ただし、本人の将来の生計維持能力、労働市場への参入能力を向上させるものでなければならず、また、個人の希望と特性を適切に考慮したものでなければならない。 出所：Socialstyrelsen (2013), *Ekonomiskt bistånd: Handbok för Socialtjänsten.*
④期限の有無とその場合の条件	制限なし
⑤大学進学の扱い	制限なし
⑥その他劣等処遇の有無	—

4　公的扶助の実施体制

①ソーシャルワーカー(ケースワーカー)の資格要件、資質(専門性)	大学の社会福祉課程(実習期間も含み3年半のカリキュラム)の卒業資格を有する者(社会福祉士)であること。ただし人員確保が困難なコミューン等では、社会福祉士でない者を職員として雇っている場合もある(金額計算や支払い、もしくは単純な案件を担当)。全国平均では80%以上が社会福祉士の資格を保有する(2016年)。
②持ちケース数(人員体制)の定めの有無と内容	全国平均で月45件(2017年)。

5　その他特記事項

・金銭給付と同時に、個別の支援が重視されている。
・65歳以上の者で公的年金で生計維持ができない者は、不足分について「高齢者生計手当」（旧「高齢者生計手当法〔2001：853〕」、現行は社会保険法典〔2010：110〕74章）の対象となる。これは、経済的援助は一時的・補完的給付であるのに対し、高齢者は経済状況の改善が見込めず長期的・生涯にわたって受給する可能性が高いため制度趣旨に合わないとして、新たに制度が設けられたもの。
・不正受給防止と制度への信頼強化を目的として、2007年「公的給付犯罪法（2007：612）」が制定され、不正受給罪や行政機関による通報義務等が規定された。
・緊急の必要がある場合は、常に経済的援助が支給されなければならない。特に子どもがいる世帯については、子どもが不適切な状況におかれる結果につながる場合は、申請を拒否してはならないと解されている。

（高田 清恵）

V　イギリス

1　基準となる指標

国名	イギリス(UK)
①人口	6,564万8,100人 (UK：イギリス) 6,378万5,900人(GB：グレートブリテン(北アイルランド除く))
②公的(社会)扶助の利用者数	・求職者手当(Jobseeker's allowance)：430,000 ・雇用支援給付(Employment and Support Allowance)：2,300,000 ・所得補助(Income support)：590,000 ・年金クレジット(Pension Credit)：1,800,000 ・住宅給付(Housing Benefit)：4,300,000 ・重度障害者手当(Attendance allowance)：1,400,000 ・介護者手当(Carer's Allowance)：810,000 ・障害者生活支援手当(DLA (Disability Living Allowance))：2,100,000 ・個別自立支援手当(PIP (Personal Independent Payment))：1,500,000 ・就労タックスクレジット(WTC (Working Tax Credit))、児童タックスクレジット((CTC (Child Tax Credit))：3,800,000 ・ユニバーサルクレジット(Universal Credit)：820,000
③利用率 (利用者数／人口)	・求職者手当：0.67% ・雇用支援給付：3.61% ・所得補助：0.92% ・年金クレジット：2.82% ・住宅給付：6.74% ・重度障害者手当：2.19% ・介護者手当：1.27% ・障害者生活支援手当：3.29% ・個別自立支援手当：2.35% ・ユニバーサルクレジット：1.14%
④捕捉率	・年金クレジット：60% ・所得補助等：80% ・住宅給付：80% ・求職者手当：60%
⑤相対的貧困率	10.9% (2015) 出所：OECD Income Distribution and Poverty (2018/03/12確認)
⑥公的扶助の財政支出の対GDP比	62,096 /1,837,062 million＝3.38%

2　公的（社会）扶助法

①名称	・所得税法(2003年) ・求職者給付法(1995年) ・国家年金クレジット法(2002年) ・社会保障法(1975年) ・社会保障法(1998年) ・社会保障管理法(1992年) ・社会保障における不正受給に関する法律(2001年) ・社会保障(給付金回収)法(1997年) ・タックスクレジット法(2002年)
②保障水準 (Income Support)	成人単身／一般世帯(標準3人家族) ・成人単身：週73.1ポンド(月約320ポンド) ・3人家族：週114.85ポンド＋57.9ポンド＝週172.75ポンド(月約750ポンド)
③広報義務・教示義務の法定の有無とその内容	オンラインでの情報が充実しており、HPにすべて公開されている。ユニバーサルクレジットは、原則オンライン申請となっている。街中の市民相談窓口も充実している。
④扶養義務(者)の扱い、範囲	・配偶者間 ・未成年の子に対する親の義務
⑤生活保護基準の決定権者	雇用年金大臣
⑥基準算定にあたっての専門機関の有無と位置づけ(法定の内容など)	Social Security Administration Act 1992 大臣に責任、大臣の裁量が認められている。
⑦生活保護基準の決定にあたっての要考慮事項(あるいは不可考慮事項)	・物価CPI（Consumer Price Index） ・賃金

3　公的扶助の具体的運用

①資産の限度額	16,000ポンド
②自動車保有の扱い	可
③稼働能力(労働要件)の扱い	制度ごとに異なる。
④期限の有無とその場合の条件	複数の給付を受けた場合、総額に上限が設定されており、住宅手当やユニバーサルクレジットが減額される（Benefit Cap ）
⑤大学進学の扱い	フルタイムの学生の場合、基本的に社会扶助は受けられない。親を扶養する義務はない。学費、生活費等は奨学金や学生ローンで賄う。低所得者に限らず、大学生は仕送りを受けず自力で就学することが一般的なので、大学進学と社会扶助制度はもともとリンクしていない。 　学費が日本と同じく高騰しており、学生ローンとあわせて大きな社会問題となっている。
⑥その他劣等処遇の有無	特になし

4　公的扶助の実施体制

①ソーシャルワーカー（ケースワーカー）の資格要件、資質（専門性）	現金給付のみ実施
②持ちケース数（人員体制）の定めの有無と内容	—

5　その他特記事項

日本の生活保護制度とは設計が大きく異なる。
対象者別の制度に分化している。
・住宅給付は別建てになっている。
・医療はNHS。全国民を対象で診療は無料。
・介護は別制度で対応

（所 道彦）

Ⅵ アメリカ

1 基準となる指標

国名	アメリカ
①人口	3億2,767万1,724人(2018年5月現在)
②公的(社会)扶助の利用者数	①**貧困家庭一時扶助(TANF)**:(関係する州政府別建事業(SSP-MOE)を含む):子どものいる世帯の公的扶助　327万1,831人/128万2,371世帯(2017年12月) ②**補足的栄養支援プログラム(SNAP)**:最低限の栄養保障プログラム　4,220万5千人(2017年月平均) ③**補足的所得保障(SSI)**:高齢者・障害者・児向け最低生活保障　821万5,530人(州政府のSSI支給を含む)
③利用率 (利用者数/人口)	①TANF:1.0%、②SNAP:12.9%、③SSI:2.5%(上記から計算)
④捕捉率	①TANF:32.4%、②SNAP:87.2%、③SSI:64.1%(2012年現在)
⑤相対的貧困率	16.8%(2015) 出所:OECD Income Distribution and Poverty(2018/03/12確認)
⑥公的扶助の財政支出の対GDP比	①TANF(&MOE-SSP支出=連邦+州支出の合計): 308億6,769万2,360ドル、0.166%(2016年) ②SNAP:681億1,817万ドル、0.351%(2017年) ③SSI:558億9,700万ドル、0.288%(2017年) ※GDP:186,250億ドル(2016年)、193,910億ドル(2017年)

2 公的(社会)扶助法

①名称	①TANF:1996年個人責任および就労機会調整法　Personal Responsibility and Work Opportunity Reconciliation Act(P.L. 104-193) ②SNAP:1964年フードスタンプ法Food Stamp Act(P.L. 88-525) →2008年農業法　Food, Conservation, and Energy Act of 2008, P.L.110-246 ③SSI:1972年社会保障法修正法the Social Security Amendments of 1972(P.L. 92-603)
②保障水準	成人単身/一般世帯(標準3人家族) ①TANF:州政府は受給資格、援助の方法、給付レベルの設定について広範な柔軟性を持つ。保障水準も州によって異なり、3人世帯の最低額のミシシッピー州は月170ドル、最高額のニューヨーク州は789ドル。カリフォルニア州では3人世帯で月額714ドル。なお、子どものいる世帯の公的扶助のため単身世帯は受給不可。 ②SNAP:最大給付月額:1人世帯192ドル/3人世帯504ドル 基準は、収入の30%を食糧に支出するものとして算出。 ③SSI:SSIの最大給付月額は単身世帯で一人月額735ドル、夫婦ともSSIの受給資格がある場合、月額1,103ドルが全国統一の連邦政府基準(2017年)。それに加えて、多くの州で追加給付が行われている。

	例えば、カリフォルニア州では、単身高齢者や障害者には895ドル、夫婦共に高齢者や障害者であれば1,510ドル。実際の給付はここからその他の収入を引いた差額が支払われる。
③広報義務・教示義務の法定の有無とその内容	—
④扶養義務(者)の扱い、範囲	①TANF、②SNAP、③SSI 州によって異なるが、カリフォルニア州等多くの州では、扶養義務は夫婦間および未成年の子に対する義務に限定される。
⑤公的扶助基準の決定権者	①TANF：各州で決定する。例えば、カリフォルニア州ではカリフォルニア州議会で決定する。 ②SNAP：連邦議会で決定する。 ③SSI：連邦議会で決定する。
⑥基準算定にあたっての専門機関の有無と位置づけ(法定の内容など)	—
⑦生活保護基準の決定にあたっての要考慮事項(あるいは不可考慮事項)	①TANF：連邦法では給付水準の決定について全く規定を設けていない。ただし、連邦規則集の規定では、給付は、食料や衣類等の現在進行中の基礎的ニーズを満たすよう設定されることになっている。 例えば、カリフォルニア州では、連邦貧困線の50%までをTANFプログラム(CalWorks)で保障することを目安にする。ただし、実際には50%を大きく下回っている。また、物価スライドが適用されることになっていたが、実際には適用されず、2009年度からは物価スライドは廃止された。 ②SNAP：手取り収入の3割を食料の購入のために費やすという前提で支給額を試算。その設定にあたっては、農業省で策定している適切な栄養を得るための食料の量を示した「節約食料プラン」に基づく。これは、マーケットバスケット方式で低価格でかつ十分に栄養のある食料を提供することを基準に作成している。これを基に毎月の消費者物価指数を参考に、連邦議会で多少の修正が行われて決定される。ただし、規模の経済性を考慮し、家族人数で調整される。 ③SSI：毎年1月に消費者物価指数を基にした「生計費調整」が行われる。

3　公的扶助の具体的運用

①資産の限度額	①TANF：基本的に州政府によって異なる。申請時の資産制限がない州が8州もあるが、2,000ドルほどで設定している州が多い。例)カリフォルニア州：高齢者・障害者のいる世帯は3,250ドル、いない世帯は2,250ドル(2015年)。なお、申請時の所得制限もあり、3人世帯で月1,292ドル(2017年)。 ②SNAP：毎月の世帯収入が連邦貧困ガイドラインの 130%以下であること。資産は$2,250まで。ただし、60歳以上や障害を持つ人が世帯にいる場合は$3,500 まで。なお、TANFやSSIは収入としてカウントしない。 ③SSI：収入はSSIの最大給付月額を超えてはならない。ただし、SNAPや住宅・燃料扶助、州・地方政府の公的扶助、NPOからの支援、奨学金等は収入から控除される。所有できる資産総額の上限は、単身者や児童で2,000ドル、夫婦の場合(SSI受給者が一人であっても)3,000ドルまで。ただし、現在住んでいる家、車、1,500ドルまでの生命保険、1,500ドルまでの自分の埋葬費、また1,500ドルまでの配偶者の埋葬費の所有は認められている。

②自動車保有の扱い	①TANF：17州は世帯のすべての車・大人の人数分・運転免許証所持者数の所有を認める、10州は世帯で1台のみ認める、車の評価額で制限をする州もある。例）カリフォルニア州：9,500ドルまでの価値の車の所有または運転免許所有者に1台まで。 ②SNAP：自動車は成人一人につき1台、18歳以下でも学校や仕事等の場合は認められる。4,650ドル分の価値を超えた分は収入としてカウントする。 ③SSI：所有は可能
③稼働能力（労働要件）の扱い	①TANF：Welfare to Work（WTW）事業に規定時間、参加しなければならない。(1)一人親で6歳以下の子がいる場合週20時間、(2)一人親で6歳以下の子がいない場合週30時間、(3)二人親では二人分合わせて週35時間。WTW事業は(1)就労、(2)教育・訓練、(3)依存症治療等の事業。16-19歳の子どもも学校か就労プログラムに参加しなければならない。 ②SNAP：被扶養者のいない障害のない16歳から59歳の者は、36か月のうち3か月以上の間、一週間に少なくとも20時間労働または就労プログラムに参加しなければならない。ただし、就学している者や障害がある者などは免除。 ③SSI：原則として稼働能力がない高齢者や障害者・児を対象としているため、労働要件はない。
④期限の有無とその場合の条件	①TANF：原則60か月、ただしコネチカット21か月、アリゾナ・アーカンソー24か月、ユタ・カンザス・デラウェア36か月、カリフォルニア・ロードアイランド・フロリダ・ジョージア・ミシガン48か月等（2015年） ②SNAP：期限はない ③SSI：期限はない
⑤大学進学の扱い	①TANF：前提として、アメリカは高校までが義務教育（授業料、教科書代等無料）。また、誰もが学べる大学として公立のコミュニティ・カレッジ（2年制大学）がある。学費は一般の4年制大学では年200～400万円程だが、コミュニティ・カレッジは50～100万円程。資格免許等を取る職業訓練コースと4年制大学編入を目指す進学コースがある。 　カリフォルニア州のTANFプログラムCalWorksには「自己主導型プログラム」がある。CalWorks申請後、労働要件のための労働プログラムGAINの申請をする前に、自分自身で大学や職業訓練プログラムを選択し、自分で始めた場合には、その授業参加時間をGAINの労働要件のための労働時間として算定できる。これを通して、大学に行くことができる。多くはコミュニティカレッジである。 ②SNAP：学生は原則受給できない。
⑥その他劣等処遇の有無	―

4　公的扶助の実施体制

①ソーシャルワーカー（ケースワーカー）の資格要件、資質（専門性）	①TANF、②SNAP カリフォルニア州のロサンゼルス・カウンティでは、 (1)資格審査ワーカー（ELIGIBILITY WORKER I =TANFやSNAP、メディケイド等の公的扶助の資格審査担当）は2年の事務経験または認定された大学での一定の単位取得＋自動車免許必要。最低月給3,110ドル～最高月給3,751ドル。

	⑵GAINサービスワーカー（就労支援担当）は大卒資格または2年カウンセリング経験等＋自動車免許必要。最低月給3,478～最高月給5,076ドル。
②持ちケース数（人員体制）の定めの有無と内容	―

5　その他特記事項

子どものいる世帯にはTANF、高齢者や障害者にはSSIがあり、どちらもSNAPと同時に受給が可能である。しかし、高齢でも障害でもない、子どものいない者はSNAPしか受け取ることができない。そこで、州・地方政府のなかには、「一般扶助」（General Relief or General Assistance）として、現金給付プログラムがある。

例えば、カリフォルニア州では、社会福祉法典により、すべてのカウンティや市は貧困者や生活困難にある人の支援をしなければならない。そこで、連邦政府の公的扶助制度の隙間にある者に対して一般扶助が実施されている。ロサンゼルス・カウンティで実施されている一般扶助（GR）はTANFやSSIが受給できない貧困者が対象。受給要件としては、銀行預金と合わせて所持金が50ドル以下であること。ただし、4,500ドル以下の価値の車、34,000ドル以下の価値の家は所有できる。給付月額は221ドル。それに加えて、医療扶助、SNAP、緊急シェルターや緊急食糧、家の立退き防止支援等が利用できる。なお、受給には期間制限があり、12か月のうち9か月しか利用できない。また、就労可能と判断された場合は、職業訓練や教育プログラム等を提供するGROW事業に週20時間、参加しなければならない。それができなければ、給付は打ち切られる。

（木下　武徳）

Ⅶ　韓国

1　基準となる指標

国名	大韓民国
①人口	5,169万6,216人(住民登録人口統計、2016年12月)
②公的(社会)扶助の利用者数	(2016年12月末) 計(生計、医療、住居、教育) 112.7万世帯、163.1万人 ・生計給与:124.1万世帯、89.6万人 ・医療給与:141.0万世帯、97.7万人 ・住居給与:138.8万世帯、94.5万人 ・教育給与:38.1万世帯、26.3万人
③利用率 (利用者数／人口)	3.2% (対住民登録人口統計)
④捕捉率	23.2% (利用率③3.2%／相対的貧困率⑤13.8%)
⑤相対的貧困率	13.8% (2015年) 出所:OECD Income Distribution and Poverty (2018/03/12確認)
⑥公的扶助の財政支出の対GDP比	0.30% 財政支出(2015年):4兆6,836億ウォン GDP (2015年):1,564兆1,239億ウォン

2　公的(社会)扶助法

①名称	国民基礎生活保障法
②保障水準	成人単身／一般世帯(標準3人家族) (2018年) ・生計給与(基準中位所得の30%以下)　501,632ウォン／1,104,945ウォン ・医療給与(基準中位所得の40%以下)　668,842ウォン／1,473,260ウォン ・住居給与(基準中位所得の43%以下)　719,005ウォン／1,583,755ウォン ・教育給与(基準中位所得の50%以下)　836,053ウォン／1,841,575ウォン
③広報義務・教示義務の法定の有無とその内容	社会保障給与の利用・提供及び受給権者の発掘に関する法律(2014年12月30日制定) ・第10条　保障機関の長は支援対象者を発掘するために、次の各号の事項に関する資料または情報の提供と広報に努めなければならない。 1. 社会保障給付の内容および提供規模 2. 受給者になるための要件と手続き 3. そのほかに社会保障給与受給のための必要な情報
④扶養義務(者)の扱い、範囲	①夫婦間、②1親等の直系血族・1親等の直系血族の配偶者(未成年子に対する父母を含む)
⑤生活保護基準の決定権者	保健福祉部長官 ただし、住宅扶助は国土交通部長官、教育扶助は教育部長官

⑥基準算定にあたっての専門機関の有無と位置づけ（法定の内容など）	国民基礎生活保障法 ・第6条 ◇第1項　保健福祉部長官または所管中央行政機関の長は、給与の種類別受給者選定基準及び最低保障水準を決定しなければならない。 ◇第2項　保健福祉部長官または所管中央行政機関の長は、毎年8月1日までに第20条第2項による中央生活保障委員会の審議・議決を経て、次年度の種類別受給者選定基準及び最低保障水準を公布しなければならない。 ・第8条第2項　生計給与選定基準は基準中位所得の100分の30以上とする。 ・第12条第3項　教育給与選定基準は基準中位所得の100分の50以上とする。 ・第12条の3　医療給与選定基準は基準中位所得の100分の40以上とする。
⑦生活保護基準の決定にあたっての要考慮事項（あるいは不可考慮事項）	生活保護基準は基準中位所得方式 ・第8条第2項　生計給与は、受給者に衣服、飲食物、および医療費とその他に日常生活に基本的に必要な金品を支給し、その生計を維持できるようにするものとする。 ・第11条第1項　住居給与は受給者に住居安定に必要な賃借料、修繕維持費、その他の受給品を支給するものとする。 ・第12条第1項　教育給与は受給者に入学金、授業料、学用品費、その他の受給品を支給するものとし、学校の種類・範囲等に関して必要な事項は大統領令に定める。 ＊ただし、法第20条の2の第4項には、「保健福祉部長官は受給権者、受給者および次上位階層などの規模・生活実態の把握、最低生計費の計測等のため、3年ごとに実態調査を実施、公表しなければならない」とあり、2017年に公表された『基礎生活保障実態調査および評価研究』では、最低生計費の計測方法として、マーケットバスケット方式が採用されている。

3　公的扶助の具体的運用

①財産の限度額	保護決定の基準となる所得認定額に財産換算額を含めて計算する。 所得認定額＝所得評価額（実際所得－世帯特性別支出費用－勤労所得控除）＋財産の所得換算額［（財産－基本財産額－負債）×所得換算率］ 基本財産額 ・大都市：5,400万ウォン ・中小都市：3,400万ウォン ・農漁村：2,900万ウォン
②自動車保有の扱い	以下を除き、100%の所得換算率が適用される。 ・財産価額算定から除外（障がい者等）または減免（生業自動車）される自動車。 ・「一般財産」に分類され、所得換算率月4.17%が適用される自動車。障がい者世帯、自動車を生業用に使用する世帯等。

③稼働能力(労働要件)の扱い	勤労能力がある受給者は、18歳以上64歳以下の受給者で、以下の勤労能力がない受給者に該当しない者。 ・勤労能力がない受給者(疾病・負傷等により治療または療養が必要な者のうち勤労能力評価を通じ、市長・郡長・区庁長により勤労能力がないと判定された者、等)。 ・「勤労無能力者」のみで構成された世帯。 なお、勤労能力評価の事務は国民年金管理公団に依頼され、評価書は医療機関が作成する。 勤労能力がある受給者は自活に必要な事業に参加することを条件に生計給与を実施することができる(第9条第5項)。 参加しない場合は、生計給与の全部または一部を支給しないことができる(第30条)。
④期限の有無とその場合の条件	なし
⑤大学進学の扱い	国家奨学財団により、国家奨学金として、学期あたりの授業料を超えない範囲内で一定額が支給される。 基礎生活受給者は年間の最大支援金額は520万ウォン。 なお、中高大学生に対する奨学金は収入認定されない(生計支援型を除く)。
⑥その他劣等処遇の有無	―

4　公的扶助の実施体制

①ソーシャルワーカー(ケースワーカー)の資格要件、資質(専門性)	専門職(社会福祉職公務員)であり、社会福祉士の資格を持っている者のみ受験できる。
②持ちケース数(人員体制)の定めの有無と内容	なし

(五石　敬路)

【執筆者紹介】（掲載順）

尾藤　廣喜（びとう　ひろき／はじめに）
弁護士、生活保護問題対策全国会議代表幹事。

桜井　啓太（さくらい　けいた／第1章Ⅰ、第2章Ⅱ－４）
名古屋市立大学大学院人間文化研究科准教授。

田川　英信（たがわ　ひでのぶ／第1章Ⅱ、第3章１・２）
社会福祉士、生活保護問題対策全国会議事務局次長。

小久保　哲郎（こくぼ　てつろう／第１章Ⅲ、第２章Ⅰ、第３章３・４）
弁護士、生活保護問題対策全国会議事務局長。

吉永　純（よしなが　あつし／第２章Ⅱ－１・２・３、第４章：日本）
花園大学社会福祉学部教授、全国公的扶助研究会会長。

和久井　みちる（わくい　みちる／第３章コラム）
小田原市「生活保護行政のあり方検討会」委員、元生活保護利用者。

嶋田　佳広（しまだ　よしひろ／第4章：ドイツ）
佛教大学社会福祉学部准教授。

福原　宏幸（ふくはら　ひろゆき／第4章：フランス）
大阪市立大学大学院経済学研究科教授。

高田　清恵（たかた　きよえ／第4章：スウェーデン）
琉球大学法文学部教授。

所　道彦（ところ　みちひこ／第4章：イギリス）
大阪市立大学大学院生活科学研究科教授。

木下　武徳（きのした　たけのり／第4章：アメリカ）
立教大学コミュニティ福祉学部教授。

五石　敬路（ごいし　のりみち／第4章：韓国）
大阪市立大学大学院都市経営研究科准教授。

【編者紹介】

生活保護問題対策全国会議

生活保護制度の違法な運用を是正するとともに、生活保護費の削減を至上命題とした制度の改悪を許さず、生活保護法をはじめとする社会保障制度の整備・充実を図ることを目的として、2007年6月に設立された市民団体。全国の弁護士、司法書士、研究者、ケースワーカー、支援者、生活保護利用当事者など約500名で構成。意見書・声明の発表、シンポジウムの開催、議員ロビイングなどに積極的に取り組んでいる。

ブログ　http://seikatuhogotaisaku.blog.fc2.com/

これがホントの生活保護改革

「生活保護法」から「生活保障法」へ

2018年8月30日　初版第1刷発行

編　者　生活保護問題対策全国会議

発行者　大江道雅

発行所　株式会社 明石書店

〒101-0021 東京都千代田区外神田6-9-5

電　話　03（5818）1171

FAX　03（5818）1174

振　替　00100-7-24505

http://www.akashi.co.jp

組　版　朝日メディアインターナショナル株式会社

装　丁　藤本義人

印　刷
製　本　モリモト印刷株式会社

（定価はカバーに表示してあります）　ISBN978-4-7503-4716-5

間違いだらけの生活保護バッシング

Q&Aでわかる　生活保護の誤解と利用者の実像

生活保護問題対策全国会議 編

■A5判／並製／120頁　◎1000円

芸能人の母親の受給を機に、マスコミ報道・国会議員による追及など大きな騒ぎとなった生活保護バッシング。問題となった「扶養義務」とは？　利用者は本当に「怠け者」で贅沢な暮らしをしているのか？　これらの疑問にQ&Aで答え、利用者の実像を伝える。

●内容構成●

第1章　Q&A：生活保護の誤解と利用者の実像

そもそも生活保護って、どんな制度なの？／親・きょうだい（扶養義務者）がいれば生活保護は受けられないの？／人気お笑い芸人の母親が生活保護を受けていたことが話題になったけど、高額所得の息子がいるのに親が生活保護を受けるのはおかしくない？／諸外国では扶養義務と生活保護の関係はどうなってるの？　ほか

第2章　生活保護利用者の声

第3章　マスコミによる生活保護報道の問題点［水島宏明］

第4章　生活保護〝緊急〟相談ダイヤルの結果報告

第5章　生活保護バッシング、餓死・孤立死事件と生存権裁判［井上英夫］

第6章　生活保護をめぐる最近の動きと改革の方向性［吉永純］

間違いだらけの生活保護「改革」

Q&Aでわかる　基準引き下げと法「改正」の問題点

生活保護問題対策全国会議 編

■A5判／並製／160頁　◎1200円

「生活保護バッシング」のなか、2013年8月から生活保護の基準が引き下げられ、制度を揺さぶる法「改正」の動きも急である。医療、年金、介護、教育など、生活のあらゆる領域に影響が及ぶ生活保護「改革」の動きをわかりやすく検証した緊急出版企画。

●内容構成●

序章　間違いだらけの生活保護「改革」

Q1　なぜ、生活保護制度が見直されるの？

Q2　生活保護「改革」のどこが「間違いだらけ」なの？

第1章　生活保護基準の引き下げ

Q1　生活保護基準の引き下げって、どんな内容？

Q2　生活保護基準の引き下げで、生活保護を利用している世帯の保護費は具体的にどれだけ減るの？　ほか

［論考1］デフレを理由に生活保護基準を引き下げてよいのか［池田和彦］

［論考2］Q&A　絶対おかしい生活扶助相当CPI［白井康彦］

第2章　生活保護法の「改正」

Q1　生活保護法の「改正」などで生活保護制度が大きく変わると聞いたけど、どう変わるの？　ほか

［論考］人権保障の時代に生活保護はどうあるべきか［井上英夫］

〈価格は本体価格です〉